명심
보감으로
배우는
인성한자

명심보감으로 배우는 인성한자

펴낸날 2014년 11월 25일 초판 1쇄 | 2016년 9월 28일 초판 3쇄
펴낸이 김상수 | **기획 · 편집** 위혜정, 김새롬 | **디자인** 문정선, 김송이 | **영업 · 마케팅** 황형석, 서희경
펴낸곳 루크하우스 | **주소** 서울시 성동구 아차산로 143 성수빌딩 208호 | **전화** 02)468-5057~8 | **팩스** 02)468-5051
출판등록 2010년 12월 15일 제2010-59호
www.lukhouse.com   cafe.naver.com/lukhouse

© 허시봉 2014
저작권자의 동의 없이 무단 복제 및 전재를 금합니다.

ISBN 979-11-5568-054-4 64150
ISBN 979-11-5568-052-0 (세트)

상상의집은 (주)루크하우스의 아동출판 브랜드입니다.

명심보감으로 배우는 인성한자

상상의집

마음을 밝히는 보배로운 거울,
명심보감 明心寶鑑

    살다가 누구나 한 번쯤은 듣게 되는 책의 이름이 있어요. 명심보감도 그러한 책 중에 하나예요. 그렇다면 이 책은 왜 아직까지 우리 곁에 남아 읽히고 있는 걸까요? 옛사람들은 왜 자녀들에게 이 책을 꼭 공부하게 했을까요?

    조선 시대 어린이들은 학문적인 소양을 갖추고 도덕적인 사람이 되기 위한 필수 교양서로 명심보감을 읽었어요. 고려 말 추적(秋適)이라는 사람이 중국의 고전 중에 좋은 글을 모아 이 책을 썼다고 알려졌지만, 원래는 중국 명나라 사람인 범입본(范立本)이 지은 것이랍니다.

    명심보감은 판본마다 분량과 내용에 차이가 있지만 공통적으로 선행, 천명, 효행, 마음가짐, 인성, 배움, 언행 등을 다뤘어요. 주로 사람이 마땅히 지키고 행해야 할 도덕적 의리를 말하고 있는데, 마음을 살피고 바른 행동을 하도록 권하는 내용이 가장 많아요. 또한 고전에서 뽑은 각종 명언을 비유로 풀어 쉽게 이해하도록 구성했다는 점 때문에, 학문을 처음 배우는 이들에게 교재로 많은 사랑을 받아 왔어요.

옛사람들은 지금 우리가 한글을 쓰는 것처럼 한자를 사용했어요. 그렇지만 한글 세대인 우리가 한문으로 된 명심보감을 해석하고 이해하기란 여간 힘든 일이 아니에요. 그래서 이 책은 명심보감 원문 중에서 우리들이 함께 생각해 볼 만한 내용들을 다시 선별하여 소개하고, 중간마다 신기한 한자 이야기를 실었어요. 이 책은 처음부터 읽어도, 아니면 중간중간 읽어도 좋아요. 어떤 부분을 펴도 여러분에게 생각할 거리를 줄 테니까요.

저는 여러분이 행복했으면 좋겠어요. 혼자만 행복한 사람이 아닌 함께 행복한 사람 말이에요. 그러기 위해서는 함께 행복해지는 법을 배워야 해요. 이 책이 조금은 그 방법을 알려 줄 거예요. 이제 저와 함께 명심보감과 신 나는 한자 이야기 속으로 떠나 볼까요? 함께 행복한 사람이 되기 위해서 말이죠.

허시봉

차례

6장 마음 살피기

1장. 좋은 일 하기

착한 일은 욕심내고 나쁜 일은 멀리해요

見善如渴하고 聞惡如聾하라.
견 선 여 갈   문 악 여 롱

又曰 善事須貪하고
우 왈 선 사 수 탐

惡事莫樂하라.
악 사 막 락

 명심보감의 뜻을 살펴보아요

見	善	如	渴	聞	惡	聾
볼 견	착할 선	같을 여	목마를 갈	들을 문	악할 악	귀먹을 롱

又	曰	事	須	貪	莫	樂
또 우	가로 왈	일 사	모름지기 수	탐할 탐	말 막	즐거울 락

◐ 착한 일을 보거든 목마른 것같이 하고, 악한 일을 듣거든 귀먹은 것처럼 하라. 또 말하였다. 착한 일은 모름지기 탐내야 하고, 악한 일은 즐겨 해서는 안 된다.

惡事莫樂 이렇게 해석해요.

惡	事	莫	樂
• 악하다	• 일	• ~하지 말라	• 음악
• 미워하다	• 섬기다		• 즐겁다

···▶ 악한 일을 즐겨 하지 말라.

　엄마를 도와 집안일을 하는 것은 착한 일이지만 힘들어요. 그래서 한두 번은 모르지만 계속하기는 싫지요. 하지만 엄마에게 거짓말하고 친구들과 어울려 노는 일은 신 나고 재미있어요. 물론 나쁜 일인 줄 알아요. 마음 한편에 걱정도 되지만 엄마에게 들통이 나기 전까지는 멈추기가 힘들어요. 속으로 '절대 모를 거야.'를 계속 반복하다 결국 들켜서 혼나기 일쑤지요. 그래서 '꼬리가 길면 밟힌다.'는 속담이 있어 우리에게 경각심을 주고 있는지 몰라요.

　만약 여러분이 착한 일을 하지 않고, 나쁜 일만 계속하면 미래에 어떤 사람이 되어 있을까요? 잘못된 행동을 하면서도 전혀 죄의식을 느끼지 못하는 나쁜 사람이 되어 있을 거예요.

명심보감은 말하고 있어요. 착한 일은 계속하기 힘이 드니 욕심을 부려서 하고, 나쁜 일은 계속하기 쉽고 멈추기 어려우니 최대한 멀리하라고 말이에요. 이제부터는 착한 일 한 번 하고 어깨를 자랑스레 으쓱이거나, 나쁜 일을 계속하면서도 걸리지 않기를 요행으로 바라지 말아야겠어요.

명심보감 하나 더

勿以善小而不爲하고
물 이 선 소 이 불 위

勿以惡小而爲之하라.
물 이 악 소 이 위 지

勿	以	善	小	而
말 물	써 이	착할 선	작을 소	말 이을 이

不	爲	惡	之
아닐 불	할 위	악할 악	어조사 지

⊙ 선이 작다고 하지 않아서는 안 되며, 악이 작다고 해서는 안 된다.

대부분 작은 선행은 너무 작다고 하지 않고, 작은 악행은 작기 때문에 해도 된다고 생각해요. 하지만 선행이 작다고 안 하면 큰 선행도 안 하게 되고, 나쁜 행동도 작다고 계속하다 보면 어느새 큰 악행도 저지르게 된답니다.

어휘 깊이 생각하기

영계와 연계(軟鷄)

우리는 '비교적 나이가 어린 이성'을 속되게 영계라고 표현해요. 영어로 '어리다'는 뜻의 'young'과 '닭'을 뜻하는 한자인 계(鷄)가 합쳐져 만들어졌다고 생각하기 쉽지요. 하지만 영계라는 표현은 '병아리보다 조금 큰 어린 닭'을 뜻하는 연계(軟鷄)에서 비롯되었어요. '연계'라는 표현이 발음하기 쉽게 '영계'로 바뀐 거지요. 영계를 물에 넣고 통째로 삶아 먹는 요리를 '영계백숙'이라고 해요. 여기서 백숙(白熟)이라는 표현도 '흰 백'과 '익힐 숙'을 합쳐 만든 단어예요. 한자만 알아도 어떤 요리인지 짐작할 수 있을 거예요. 또 다른 음식으로 영계와 인삼을 넣고 함께 끓인 삼계탕(蔘鷄湯)이 있어요. 예부터 한여름의 더위를 이기기 위해 먹는 보양 음식이지요.

닭과 관련된 말

꿩 대신 닭: 꼭 적당한 것이 없을 때 그와 비슷한 것으로 대신하는 경우.

예 푸른색 교복이 없어 고민인 길동에게 엄마는 꿩 대신 닭이라며 청바지를 꺼내 주셨다.

군계일학(群鷄一鶴): 닭의 무리 가운데에서 한 마리의 학이란 뜻으로, 많은 사람 가운데서 뛰어난 인물.

예 민우의 축구 실력은 이번 경기에서 단연코 군계일학이었다.

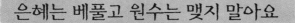

은혜는 베풀고 원수는 맺지 말아요

恩義를 廣施하라.
은 의 광 시

人生何處不相逢이니
인 생 하 처 불 상 봉

讐怨을 莫結하라.
수 원 막 결

명심보감의 뜻을 살펴보아요

恩	義	廣	施	人	生	何	處
은혜 은	옳을 의	넓을 광	베풀 시	사람 인	살 생	어찌 하	곳 처

不	相	逢	讐	怨	莫	結
아닐 불	서로 상	만날 봉	원수 수	원망할 원	말 막	맺을 결

➡️ 은혜와 의로움을 널리 베풀라. 사람이 어느 곳에 산다 한들 서로 만나지 않겠는가?
원수와 원한을 맺지 말라.

人生何處不相逢 이렇게 해석해요.

人	生	何	處
• 사람	• 생기다	• 어찌	• 곳
• 남	• 살다	• 어느	• 머무르다

不	相	逢
• 아니다	• 서로	• 만나다
	• 재상	

···▶ 사람이 어느 곳에 산다 한들 서로 만나지 않겠는가?

누군가 나를 괴롭혀 어려움에 처했을 때, 친구들이 도와주지 않고 모른 척한다고 생각해 보세요. 우리 집이 어려울 때, 친척과 이웃들이 도와주지 않고 모른 척한다고 생각해 보세요. 내가 사는 지역이 자연재해를 입어 어려울 때, 국가와 다른 지역에서 도움을 주지 않는다고 생각해 보세요.

살면서 도움을 받지 않는 사람은 없어요. 여러분도 도움을 주는 입장이었다가, 힘든 일을 만나면 도리어 도움을 청하게 될 수도 있어요. 그래서 옛사람들은 평소에 어려운 사람을 도와주고 좋은 일을 많이 하라고 했는지도 몰라요.

명심보감은 여기에 한마디를 덧붙이고 있어요. 어느 때, 어느 곳, 어떤 상황에서 다시 만날지 모르니 지금 만나는 사람들과 원수를 맺지 말라고 말이죠. 우리는 나와 상관없다고 생각하면 함부로 대하는 경우가 있어요. '다시 만날 것도 아닌데 뭐.' 또는 '저리 힘이 없고 어리숙한데 나를 어찌하겠어?'라고 생각하면서요. 하지만 기억해야 해요. 여러분이 함부로 대해 적으로 만든 그 사람을 막다른 곳에서 만나면 피할 수가 없다는 것을요.

於我善者도 我亦善之하고
어 아 선 자   아 역 선 지

於我惡者도 我亦善之니라.
어 아 악 자   아 역 선 지

於	我	善	者	亦	之	惡
어조사 어	나 아	착할 선	사람 자	또 역	어조사 지	악할 악

○ 나에게 선하게 대하는 사람에게 나 또한 선하게 대하고, 나에게 악하게 대하는 사람에게 나 또한 선하게 대할 것이다.

나에게 친절하고 잘해 주는 사람을 좋아하기란 정말 쉬워요. 하지만 나를 나쁘게 대하는 사람에게 웃음을 잃지 않고 좋게 대하기란 정말 어려운 일이지요. 그런데 왜 이렇게 어려운 일을 하라고 하는 걸까요? 그건 나를 나쁘게 대했던 사람도 여러분이 좋게 대한다면 언젠가는 나에게 웃음 짓는 사람이 되기 때문이에요.

어휘 깊이 생각하기

흐지부지와 휘지비지(諱之祕之)

흔히 어떤 일을 확실하게 하지 못하고 흐리멍덩하게 넘어갈 때 '흐지부지되었다.'고 말해요. 우리말 중에 이와 비슷한 표현으로는 '얼렁뚱땅'이나 '엄벙뗑'이 있어요. 이 '흐지부지'는 휘지비지(諱之祕之)라는 말에서 비롯되어 발음하기 편하게 변한 거지요. 휘(諱)는 '꺼릴 휘' 자로 어떤 물건이나 일을 피하거나 싫어한다는 뜻이고, 비(祕)는 '숨길 비' 자로 보이지 않게 감춘다는 뜻이에요. 결국 '휘'와 '비'를 합친 '휘지비지'는 '남을 꺼리어 얼버무려 넘기다.'라는 뜻이랍니다.

흐지부지와 비슷한 것 같지만 뜻이 다른 어영부영이 있어요. 이 말은 조선 시대 군기가 약해진 어영청(御營廳)이라는 군대를 사람들이 어영비영(御營非營)이라고 한 데서 유래해요. 풀이하면 '어영청은 군대도 아니다.'라는 뜻이에요. 어떤 일을 적극적으로 하지 않거나 되는 대로 행동할 때 쓴답니다.

흐지부지와 관련된 말

구렁이 담 넘어가듯: 일을 분명하고 깔끔하게 처리하지 않고 슬그머니 얼버무림.

예 길동이는 잘못을 하고도 구렁이 담 넘어 가듯이 지나가려고 해.

용두사미(龍頭蛇尾): 용의 머리와 뱀의 꼬리라는 뜻으로, 처음은 왕성하나 끝이 부진한 현상.

예 이번 행사는 용두사미란 말이 어울려. 처음에는 정말 볼 만했는데 말이야.

착한 행동은 바로 드러나지 않아요

行善之人은 如春園之草하여
행 선 지 인 여 춘 원 지 초

不見其長이라도
불 견 기 장

日有所增이라.
일 유 소 증

 명심보감의 뜻을 살펴보아요

行	善	之	人	如	春	園	草
행할 행	착할 선	어조사 지	사람 인	같을 여	봄 춘	동산 원	풀 초

不	見	其	長	日	有	所	增
아닐 불	볼 견	그 기	길 장	날 일	있을 유	바 소	더할 증

⊙ 착한 일을 하는 사람은 봄 동산의 풀과 같아서 그 자라는 것이 보이지 않으나 날로 더해지는 바가 있다.

行善之人 이렇게 해석해요.

行　善　之　人

· 가다　　· 착하다　　· ~의　　· 사람
· 행하다　· 잘하다　　· ~하는　· 남

···▶ 착한 일을 하는 사람

　　나쁜 일을 하면 친구들이 모르기를 바라고 착한 일을 하면 친구들이 알아주기를 바라는 것은 어쩌면 당연한 일이에요. 누군가 알아주기를 바라며 착한 일을 한 것은 아니지만 아무도 몰라주면 그것처럼 서운한 일도 없지요. 누구나 이 같은 경험을 한두 번씩 하다 보면 이런 마음이 생길 거예요. '어차피 아무도 모르고 관심조차 갖지 않는데, 내가 수고롭게 이 일을 할 필요가 있을까?'라고 말이죠.

　　명심보감은 말하고 있어요. 착한 일을 하면 곧바로 복이 찾아오지는 않지만 나쁜 마음과 재앙은 나에게서 멀어지고, 나쁜 일을 하면 곧바로 벌을 받는 것은 아니지만 착한 마음과 복이 오다가 다시 달아난다고 말이에요.

　　누가 알아주지 않아도 선행을 베풀다 보면 여러

분의 마음속에 행복과 미소가 쌓여 간답니다. 그렇게 쌓이다 보면 내가 알리지 않아도 밖으로 드러나게 되어 있어요. 잘 먹고 충분히 잘 잤더니 어느 순간 쑥 자라 있는 자신을 보는 것처럼 말이에요. 선행도 마찬가지랍니다.

명심보감 하나 더

莊子曰 一日不念善이면
장 자 왈 일 일 불 념 선

諸惡이 皆自起니라.
제 악   개 자 기

莊	子	曰	一	日	不	念
씩씩할 장	아들 자	가로 왈	한 일	날 일	아닐 불	생각 념

善	諸	惡	皆	自	起
착할 선	모두 제	악할 악	모두 개	스스로 자	일어날 기

장자가 말했다. "하루라도 착한 일을 생각하지 않으면 모든 악한 것이 저절로 일어나느니라."

여러분! 날마다 '착한 일 한 가지씩 하기'를 실천해 봐요. 이 마음을 가지고 있으면 설령 착한 행동을 하지 못하더라도 나쁜 행동을 하고 싶은 마음이 가슴속에 자리 잡지 못한답니다. 착한 행동은 마음을 먹어야 할 수 있고, 나쁜 행동은 마음먹지 않아도 하기 쉽거든요.

썰매와 설마(雪馬)

눈이 오면 모두 행복해합니다. 마치 하얀 눈이 세상 걱정을 모두 덮어 줄 것 같은 느낌이랄까요? 여러분! 징글벨 노랫소리가 들리는 눈 내리는 크리스마스를 상상해 보세요. '흰 눈 사이로 썰매를 타고 달리는 기분 상쾌도 하다.' 왜 갑자기 징글벨 타령이냐고요? 징글벨 가사에 등장하는 썰매라는 말의 어원을 알려 드리고 싶어서예요.

아이들이 얼음판이나 눈 위에서 미끄럼을 타고 노는 기구를 썰매라고 해요. 썰매는 설마(雪馬)에서 비롯되었어요. 설(雪)은 '눈 설' 자, 마(馬)는 '말 마' 자로, 둘을 합쳐 '눈에서 타는 말'을 뜻해요. '눈에서 타는 말'이라니, 운치 있고 멋지지 않나요? 여러분도 올겨울에 가족이나 친구랑 '설마(?)'를 타면서 좋은 추억 많이 만들어 봐요. 어원이 설마(雪馬)여도 평상시에는 썰매라고 표현해야 한다는 거 잊으면 안 돼요.

눈과 관련된 말

눈 와야 솔이 푸른 줄 안다: 어려운 상황이 되어야 그것을 이기는 것을 보고 사람의 진짜 됨됨이를 알 수 있게 된다는 말.

예 눈 와야 솔이 푸른 줄 안다고 하더니, 이번 사고를 겪고 나서야 그 사람의 됨됨이를 알게 되었어.

설상가상(雪上加霜): 눈 위에 서리가 덮인다는 뜻으로, 난처한 일이나 불행한 일이 잇따라 일어남.

예 울고 싶어요. 우산은 없는데 비는 쏟아지고, 바지까지 찢어졌어요. 설상가상이란 말은 이럴 때 쓰나 봐요.

2장. 부모님께 효도하기

부모님의 은혜는 끝이 없어라

父兮生我하시고 母兮鞠我하시니
부 혜 생 아   모 혜 국 아

哀哀父母여 生我劬勞삿다.
애 애 부 모   생 아 구 로

欲報深恩인댄 昊天罔極이로다.
욕 보 심 은   호 천 망 극

  명심보감의 뜻을 살펴보아요

父	兮	生	我	母	鞠	哀	劬	勞
아비 부	어조사 혜	날 생	나 아	어미 모	기를 국	슬플 애	수고로울 구	수고로울 로

欲	報	深	恩	昊	天	罔	極
하고자 할 욕	갚을 보	깊을 심	은혜 은	하늘 호	하늘 천	없을 망	다할 극

�»아버지 나를 낳으시고 어머니 나를 기르시니, 슬프고 슬프도다. 부모여! 나를 낳아 기르시느라 수고로우셨네. 깊은 은혜를 갚고자 하면 하늘과 같아 끝이 없어라.

欲報深恩 이렇게 해석해요.

欲	報	深	恩
• 하고자 하다	• 갚다	• 깊다	• 은혜
	• 알리다		

···→ 깊은 은혜를 갚고자 하면

조선 시대에 김약련이란 사람이 있었어요. 이웃집에서 닭을 기르고 있었는데, 그 닭이 새끼 병아리를 무척 사랑해 자신의 어미 닭한테서 먹이를 빼앗아 병아리에게 먹이는 것을 봤어요. 이듬해 병아리가 닭으로 자라 병아리를 깠는데, 새끼 닭도 어미 닭의 먹이를 빼앗아 병아리에게 먹이는 것이었어요. 닭의 행동이 부모에게는 효도하지 않고 자기 자식만 챙기는 우리 사람들과 너무나 닮아, 김약련은 이렇게 탄식했다고 해요.

"사람으로서 닭과 같아서 되겠는가? 만약 닭과 같다면 사람이라고 해야겠는가? 아니면 닭이라고 해야겠는가? 아마 '사람 닭'이라고 해야 할 것이다."

명심보감은 말하고 있어요. 부모님이 나를 낳아 키워 주신 은혜는 우리가 갚을 수 없을 정도로 너무나 크다고 말이에요. 부모님은 지금도 자신보다 우리를 위해 헌신하고 계세요. 엄마와 아빠의 고마움을 잊어서는 안 돼요. 안 그러면 김약련의 말처럼 '사람 닭'이 된다는 거 잊지 마세요.

명심보감 하나 더

子曰 父母在어시든
자 왈 부 모 재

不遠遊하며 遊必有方이니라.
불 원 유 유 필 유 방

子	日	父	母	在	不
아들 자	가로 왈	아비 부	어미 모	있을 재	아닐 불

遠	遊	必	有	方
멀 원	놀 유	반드시 필	있을 유	방향 방

▶ 공자가 말하였다. "부모가 살아 계시면 멀리 놀러 가지 않으며 놀러 갈 때에는 반드시 일정한 곳이 있어야 한다."

옛날에는 요즘처럼 스마트폰이 없었어요. 그래서 집 밖을 나설 때 꼭 부모님께 가는 곳이 어디인지 말씀드렸어요. 만약 그렇지 않고 늦으면 부모님은 자식이 돌아올 때까지 걱정하느라 애를 태우실 테니까요. 우리도 이 점은 배웠으면 해요. 앞으로 외출할 때는 꼭 부모님께 말씀드리고, 도착해서는 걱정하지 않게 연락을 드려요.

배추와 백채(白菜), 김치와 침채(沈菜)

　배추를 한자로 백채(白菜)라고 해요. '흰 백' 자와 '채소 채' 자를 합쳐 '흰 채소'를 뜻하지요. 이 배추를 소금에 절인 다음 고춧가루, 파, 마늘 등의 양념에 버무린 뒤 발효를 시킨 음식이 김치예요. 김치는 '잠길 침' 자에 '채소 채' 자를 합친 침채(沈菜)라는 말에서 유래했어요. '소금에 절인 채소로 만든 음식'이라는 뜻이지요.

　여러분 중 대부분은 한국을 대표하는 음식 하나만 뽑으라고 하면 김치라고 답할 거예요. 그만큼 김치는 우리 밥상에 없어서는 안 될 소중한 음식이에요. 늦가을과 초겨울 사이, 김장철이 되면 한국의 대부분의 집은 김치를 담가요. 그런데 이런 생각 해 보셨나요? 한국 사람은 김치라는 똑같은 음식을 비슷한 시기에 똑같이 담근다는 사실 말이에요. 이러한 문화는 전 세계적으로도 무척 드문 경우랍니다. 이제 왜 김치가 한국 문화를 상징하고, 김장 문화가 왜 유네스코 인류 무형 문화유산으로 등재되었는지 아시겠죠?

🍽 음식과 관련된 말

금강산도 식후경: 아무리 재미있는 일이라도 배가 불러야 흥이 나지 배가 고파서는 아무 일도 할 수 없음.

예 우선 식사부터 하고 공연을 보러 가요. 금강산도 식후경이라고 하잖아요?

산해진미(山海珍味): 산과 바다에서 나는 온갖 진귀한 물건으로 차린 맛 좋은 음식.

예 감기가 심하게 들어서인지 산해진미를 먹어도 맛이 느껴지지 않아요.

부모님을 즐겁게 해 드려야 효도예요

孝子之事親也는
효 자 지 사 친 야

居則致其敬하고 養則致其樂하고
거 즉 치 기 경   양 즉 치 기 락

病則致其憂니라.
병 즉 치 기 우

 명심보감의 뜻을 살펴보아요

孝	子	之	事	親	也	居	則
효도 효	아들 자	어조사 지	섬길 사	어버이 친	어조사 야	살 거	곧 즉

致	其	敬	養	樂	病	憂
이를 치	그 기	공경 경	기를 양	즐거울 락	병 병	근심 우

◯ 효자가 어버이를 섬길 때에는 기거함에 그 공경을 다하고, 봉양함에 그 즐거움을 다하고, 병이 드셨을 때에는 그 근심을 다하느니라.

事親 이렇게 해석해요.

事　　　親

- 일
- 섬기다

- 친하다
- 부모
- 친척

···▶ 부모님을 섬기다.

여러분은 학교에 가면 대부분 선생님께 공손해요. 오고 가며 인사도 잘하고 심부름도 잘해요. 하지만 집에 오면 그렇지 않을 때가 많아요. 말도 함부로 하고, 징징거리고, 짜증 내고, 토라지고 말이죠. 왜 그러는 걸까요? 친숙한 가족이기 때문일까요? 아니면 여러분의 투정을 부모님이 모두 받아 주어서일까요? 그것도 아니면 부모님이 자주 하시는 "공부해라.", "방 치워라." 같은 잔소리에 화가 난 걸까요?

이제 입장을 바꿔서 생각해 봐요. 부모님은 여러분을 키우시느라 몸이 아파도 쉬지도 못하고 일을 하셔야 해요. 게다가 식사 때마다 밥도 차려 줘야죠. 여러분이 깜박 잊고 말하지 않은 다음 날 준비물을 사러 밤늦게 여기저기 문방구를 찾아 다녀야 해요. 혹시 내 아이가 준비물을 챙기지 못해 학교에서 혼이 나지 않을까 걱정하면서 말이에요. 생각해 보면 힘들고 짜증 낼 사람은 내가 아니고 부모님이에요. 여러분이 집과 밖에서 누리고 있는 대부분의 것들은 부모님의 수고로움으로 얻지 않은 것이 없어요.

명심보감은 말하고 있어요. 효도란 다른 것이 아니라, 부모님을 공손하게 대하며 기쁘게 해 드리려고 노력하고, 혹시나 몸이 편찮으실 때는 빨리 낫기를 바라며 곁을 지켜 드리는 것이라고 말이에요.

명심보감 하나 더

孝於親이면 子亦孝之하나니
효 어 친 자 역 효 지

身旣不孝면 子何孝焉이리오.
신 기 불 효 자 하 효 언

孝	於	親	子	亦	孝	之
효도 효	어조사 어	친할 친	아들 자	또 역	효도 효	어조사 지

身	旣	不	何	焉
몸 신	이미 기	아닐 불	어찌 하	어조사 언

◉ (내가) 부모님께 효도하면 내 자식 또한 (나에게) 효도하나니, 자신이 이미 효도를 하지 않는데 내 자식이 어찌 나에게 효도하겠는가?

자식은 부모의 거울이에요. 자식이 부모를 보고 배워, 둘이 닮는다는 뜻이지요. 내가 부모님께 불효하면 내 자식도 내게 배운 대로 불효할 확률이 높고, 내가 부모님께 효도하면 내 자식도 내게 배운 대로 효도할 확률이 높겠지요. 어쩌면 당연한 이치가 아닌가 생각해요.

어휘 깊이 생각하기

쑥맥과 숙맥(菽麥)

　세상 물정을 잘 모르고, 무엇이 옳고 무엇이 그른지 잘 구별하지 못하는 사람을 '쑥맥'이라고 해요. 쑥맥은 '콩과 보리를 구분하지 못한다.'는 뜻의 숙맥불변(菽麥不辨)에서 유래했어요. 콩과 보리는 생김새가 너무도 달라 한 번만 보면 누구나 쉽게 구분할 정도예요. 그런데 대부분이 농사를 짓던 옛날에 콩과 보리조차 구별하지 못한 사람이 있다면 얼마나 어리숙한 사람이었겠어요? 이제 책을 통해 배운 지식을 생활 속에서 어떻게 적용할 수 있는지 생각하는 사람이 되어 봐요. 그럼 쑥맥이 되지 않겠죠?

　함께 알아 두면 유익한 고사성어로 목불식정(目不識丁)이 있어요. '낫 놓고 기역 자도 모른다.'는 의미예요. 쑥맥이라는 말은 '세상 물정을 모른다.'는 의미가 강한 반면, 목불식정의 뜻은 '한 글자도 모른다.'는 일자무식(一字無識)에 가까워요.

어리숙함과 관련된 말

숙맥이 상팔자: 콩인지 보리인지를 구별하지 못하는 사람이 팔자가 좋다는 뜻으로, 모르는 것이 마음 편함.

예 숙맥이 상팔자라더니, 이 상황에 저리도 태평할 수가 있나 모르겠어.

백면서생(白面書生): 한갓 글만 읽고 세상일에는 전혀 경험이 없는 사람.

예 백면서생처럼 글만 보더니 세상 돌아가는 것을 몰라도 너무 모르는군.

3장. 몸가짐 바르게 하기

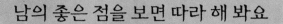

남의 좋은 점을 보면 따라 해 봐요

見人之善이어든 而尋己之善하고
견 인 지 선   이 심 기 지 선

見人之惡이어든 而尋己之惡이니
견 인 지 악   이 심 기 지 악

如此라야 方是有益이니라.
여 차   방 시 유 익

 명심보감의 뜻을 살펴보아요

見	人	之	善	而	尋	己
볼 견	사람 인	어조사 지	착할 선	말 이을 이	찾을 심	자기 기

惡	如	此	方	是	有	益
악할 악	같을 여	이 차	바야흐로 방	이 시	있을 유	이로울 익

○ 남의 선한 것을 보거든 나의 선한 것을 찾고, 남의 악한 것을 보거든 나의 악한 것을 찾을 것이니, 이와 같이 해야 바야흐로 유익함이 있느니라.

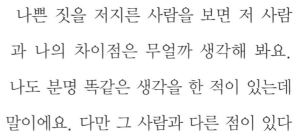

尋己之善 이렇게 해석해요.

尋	己	之	善
• 찾다	• 몸	• ~의	• 착하다
	• 자신	• ~하는	• 잘하다

⋯▶ 자신의 착함을 찾다.

가끔 TV에 위험을 무릅쓰고 다른 사람을 구한 의로운 시민이 나와요. 무서웠을 텐데 참 용감하다는 생각을 해요. 그런 장면을 보면서 생각하곤 해요. 나도 저 상황이 되면 저렇게 행동할 수 있을까 하고 말이죠. 물론 쉽지 않은 일이에요. 하지만 다짐해 봐요. '너무 무서워 직접 나서진 못하더라도 최소한 모른 척하지 않고 빨리 도움을 요청해야지.'라고 말이에요.

나쁜 짓을 저지른 사람을 보면 저 사람과 나의 차이점은 무얼까 생각해 봐요. 나도 분명 똑같은 생각을 한 적이 있는데 말이에요. 다만 그 사람과 다른 점이 있다면 나는 하지 않았고 그 사람을 했다는 거예요. 나쁜 생각은 유혹이 심해 조금만 틈을 주면 내 마음에 수시로 찾아와요. 그 마음을 물리치고 멀리해 나쁜 짓을 저지르지 않는 것이 무엇보다 중요하답니다.

　명심보감은 말하고 있어요. 다른 사람의 착한 행동을 보면 배우려고 노력하고, 나쁜 행동을 보면 나에게도 저런 마음과 행동이 있었는지 돌아봐야 한다고요. 그리고 이런 태도는 자신이 바른 성품을 갖는 데 도움이 된다고 충고하고 있어요.

명심보감 하나 더

道吾善者는 是吾賊이요
도 오 선 자　시 오 적

道吾惡者는 是吾師니라.
도 오 악 자　시 오 사

道	吾	善	者	是	賊	惡	師
말할 도	나 오	착할 선	사람 자	이 시	도적 적	악할 악	스승 사

▶ 나의 선한 점을 말하는 자는 나의 적이요, 나의 악한 점을 말하는 자는 나의 스승이니라.

이미 잘하고 있는 점을 칭찬만 해 주면 나에게 큰 도움이 되지 않아요. 내가 못하는 것을 알려 줘야 내가 그 부분을 고쳐 발전할 수 있답니다. 물론 남이 나에게 뭐라고 하는데 기분 좋을 사람이 몇이나 되겠어요? 하지만 마음을 굳게 먹고 단점을 하나씩 고쳐 나간다면 큰 인물이 될 수 있겠죠?

장난과 작란(作亂)

　주로 어린아이들이 재미로 하거나 심심풀이 삼아 하는 짓을 장난이라고 해요. 이 장난이라는 말은 '지을 작'과 '어지러울 란'을 합친 작란(作亂)에서 유래했어요. '어지러움을 일으키다.'라는 뜻이지요. 또 장난으로 아무 데나 함부로 쓴 글이나 그림을 낙서(落書)라고 해요. 길을 가다 '낙서 금지'라는 말을 많이 봤지요? 이곳에 장난으로 글을 쓰거나 그림을 그리지 말라는 뜻이에요.

　아이의 천진난만한 장난을 보고 있으면 입가에 절로 미소가 지어져요. 장난치며 노는 모습이 무척 즐거워 보이거든요. 하지만 처음에는 장난으로 시작된 것이 점점 커져 싸움이 되는 것을 자주 봤을 거예요. 나는 장난이었지만 상대방에게는 참기 힘든 괴롭힘이 될 수 있다는 것도 알아야 해요. 서로에게 용납될 수 있고 상대방을 배려한 장난은 함께 웃고 즐거울 수 있지만, 그렇지 않은 장난은 자칫 상대에게 씻을 수 없는 상처를 줄 수 있음을 잊지 마세요.

📏 장난과 관련된 말

도깨비장난 같다: 하는 짓이 분명하지 않아서 갈피를 잡을 수 없음.

예 이랬다저랬다 하니 무슨 도깨비장난 같다.

농가성진(弄假成眞): 장난삼아 한 것이 진심으로 한 것같이 됨.

예 장난삼아 한 말 때문에 너를 유비에게 시집보내게 되었으니, 농가성진이란 말이 딱 들어맞는구나!

言不中理면 不如不言이니라.
언 부 중 리　　　 불 여 불 언

一言不中이면
일 언 부 중

千語無用이니라.
천 어 무 용

 명심보감의 뜻을 살펴보아요

言	不	中	理	如
말씀 언	아닐 부(불)	맞을 중	이치 리	같을 여

一	千	語	無	用
한 일	일천 천	말씀 어	없을 무	쓸 용

○ 말이 이치에 맞지 않으면 말하지 않느니만 못하니라. 한 마디 말이 맞지 않으면 천 마디 말이 소용없느니라.

명심보감 속 한 문장

🌱 **言不中理** 이렇게 해석해요.

言	不	中	理
• 말씀	• 아니다	• 가운데	• 이치
• 말하다		• 맞다	• 다스리다

⋯▶ 말이 이치에 맞지 않다.

분위기를 고려하지 않고 말을 해 모두를 화나게 하는 친구가 있어요. 분위기는 엉망이 되고 다들 화난 상태로 헤어지지요. 그런데 집에 와 곰곰이 생각해 보면 그 친구가 바른말을 한 경우도 있어요. 그럴 때면 쓴소리일지는 몰라도 틀린 말은 아니라고 생각하게 돼요. 하지만 아무리 생각해 봐도 말도 안 되는 억지를 부려 듣는 이들을 찌푸리게 한 경우도 있어요. 그럴 때면 그 친구에게 무엇보다 필요한 것이 침묵임을 알게 되지요.

옛말에, 입이 하나고 귀가 둘인 이유가 듣기를 말하기보다 두 배로 하라는 뜻이라잖아요? 말하기 전에 이 말이 해도 되는 말인지 한 번 더 생각한다면 실수도 그만큼 줄어들 거예요.

명심보감은 말하고 있어요. 주변 상황과 사람을 고려하지 않고 이치에 맞지

않는 말을 무작정 내뱉지 말아야 한다고 말이에요. 또 옳은 말을 천 마디 했더라도 말 한 마디를 잘못하면 그 전에 했던 천 마디의 옳은 소리가 다 쓸모없는 말이 된다고 해요. 정말 말은 조심 또 조심해야 한답니다. 재앙의 근원은 입에서 나온다는 말이 괜히 나온 게 아니에요.

명심보감 하나 더

勤爲無價之寶요
근 위 무 가 지 보

愼是護身之符니라.
신 시 호 신 지 부

勤	爲	無	價	之	寶
부지런할 근	할 위	없을 무	값 가	어조사 지	보배 보

愼	是	護	身	符
삼갈 신	이 시	보호할 호	몸 신	부적 부

▶ 부지런함은 값으로 헤아릴 수 없는 보배요, 삼감은 몸을 보호하는 부적이니라.

돈은 잃어버리면 다시 찾을 수 없지만, 부지런함은 잃어버릴 염려가 없어요. 신중한 사람은 말과 행동에 실수가 적어 쉽게 미움을 받지 않고 자리를 오래도록 유지할 수 있어요. 여러분도 부지런함과 신중함이라는 두 덕목을 가진 사람이 되었으면 해요.

금실과 금슬(琴瑟)

부부간의 사이가 좋을 때 흔히 '금실이 좋다.'고 해요. 처음에 들으면 금실을 '금으로 된 실'이라 생각하는 경우가 많아요. 하지만 금실이란 말은 '거문고 금'과 '비파 슬'을 합친 금슬(琴瑟)에서 유래했어요. '거문고와 비파'라는 뜻이에요. 거문고와 비파는 그 소리가 잘 어울려 흔히 부부간의 사랑을 나타내는 말로 쓰이게 됐다고 해요. 사람도 잘 어울리는 사람이 있듯이 악기도 서로 잘 어울리는 소리가 있다니 신기하죠?

화목한 부부나 남녀 사이를 비유적으로 이르는 말 중에 연리지(連理枝)가 있어요. 각각의 다른 나무였는데 가지가 서로 맞닿아서 하나가 된 것을 뜻해요. 여러분도 나중에 좋은 사람을 만나 연리지 같은 멋진 인연을 만들어 봐요.

부부와 관련된 말

부부 싸움은 칼로 물 베기: 부부는 싸움을 하여도 화합하기 쉬움.

예 엄마, 아빠! 부부 싸움은 칼로 물 베기라잖아요. 이제 그만 화해하세요.

비익조(比翼鳥): ① 암컷과 수컷의 눈과 날개가 하나씩이어서 짝을 짓지 아니하면 날지 못한다는 전설상의 새. ② 남녀나 부부 사이의 두터운 정.

예 날개가 하나뿐인 비익조를 알고 있니? 다른 한 쪽 날개를 가진 짝이 있어야만 하늘을 날 수 있다고 해.

勿以貴己而賤人하고
물 이 귀 기 이 천 인

勿以自大而蔑小하고
물 이 자 대 이 멸 소

勿以恃勇而輕敵이니라.
물 이 시 용 이 경 적

명심보감의 뜻을 살펴보아요

勿	以	貴	己	而	賤	人	自
말 물	써 이	귀할 귀	몸 기	말 이을 이	천할 천	사람 인	스스로 자

大	蔑	小	恃	勇	輕	敵
큰 대	업신여길 멸	작을 소	믿을 시	용감할 용	가벼울 경	적 적

▷ 자신을 귀하게 여기고 남을 천하게 여기지 말고, 자기를 과시하고 작은 이를 업신
여기지 말고, 용맹을 믿고서 적을 가벼이 여기지 말지니라.

명심보감 속 한 문장

恃勇而輕敵 이렇게 해석해요.

恃	勇	而	輕	敵
·믿다	·용감하다	·~하고 ·~하지만	·가볍다 ·가벼이 여기다	·맞서다 ·적

···▸ 용감함을 믿고 적을 가벼이 여기다.

만약 작은 키를 숨기려고 항상 자신보다 작은 아이 옆에 서는 친구가 있다고 생각해 봐요. 이 친구가 진짜 키가 큰 걸까요, 아니면 커 보이는 걸까요? 이것은 마치 나보다 실력이 좋은 아이를 보고, '저 아이만 없으면 내가 더 잘할 텐데.'라고 생각하는 것과 비슷해요. 물론 잠깐은 커 보이고, 잠깐은 잘해 보일 수도 있어요. 하지만 시간이 지날수록 본인을 비롯한 대부분의 사람들이 그것이 착시 현상이었음을 알게 될 거예요. 진정한 실력이란 저절로 드러나는 것이지, 자신이 그렇게 보이려 한다고 드러나는 것이 아니에요. 귀하지 않은 사람들이 자신이 귀하다 말하고 다니고, 속이 좁은 사람이 자신은 관대하다고 떠벌이며, 겁이 많은 사람이 자신의 용맹을 믿어 달라고 한답니다.

명심보감은 말하고 있어요. 자신은 귀하고 남은 천한 사람이라 하지 말고, 으스대며 남을 업신여기지 말고, 자신이 용감하다며 상대를 깔보지 말라고 말이에요. 안 그러면 높이려는 자신은 낮아질 것이고, 과시하려는 자신은 손가락질 받을 것이며, 겸손하지 못하게 용맹만을 믿었던 자신은 쓰디쓴 패배의 잔을 마셔야 할지 몰라요.

명심보감 하나 더

景行錄云 大丈夫 當容人이언정
경 행 록 운 대 장 부 당 용 인

無爲人所容이니라.
무 위 인 소 용

景	行	錄	云	大	丈	夫
볕 경	다닐 행	기록할 록	이를 운	큰 대	어른 장	사내 부

當	容	人	無	爲	所
마땅할 당	얼굴 용	사람 인	없을 무	할 위	바 소

◐ 《경행록》에서 말하였다. "대장부는 마땅히 남을 용서할지언정 남에게 용서받는 사람이 되지는 말지니라."

대장부는 큰 마음을 가지고 큰일을 하려는 사람을 뜻해요. 여러분도 큰 마음을 가지고 큰일을 하려면 잘못되고 빠른 길보다 옳은 길을 선택해야 해요. 그래야 사람들이 여러분의 바른 걸음을 보고 따라올 테니 말이에요. 이제 남에게 용서를 구해야 하는 일은 하지 않기로 해요.

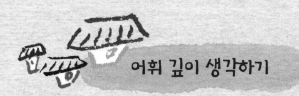

산수갑산과 삼수갑산(三水甲山)

흔히 인적이 드문 깊은 산골을 산수갑산이라고 해요. 여기서 '산수'를 산과 물을 뜻하는 산수(山水)라고 생각하기 쉬워요. 하지만 산수갑산이란 말은 잘못된 표현이랍니다. 삼수(三水) 지방과 갑산(甲山) 지방을 함께 이른 삼수갑산(三水甲山)이 맞는 표현이에요.

삼수와 갑산은 우리나라의 함경도 지역에 해당해요. 이 지역은 예부터 오랑캐가 자주 출몰하는 데다 매우 춥고 척박한 땅으로, 조선 초기 세종 때에 이르러 우리나라에 편입되었어요. 삼수와 갑산은 워낙 험한 곳이라 유배 간 사람이 살아 돌아오기 힘들었다고 해요. 그래서 조선 시대에는 큰 죄를 저지른 사람을 이곳에 유배 보냈어요. 이제 조선 시대 귀양지의 하나였던 삼수와 갑산이 왜 깊은 산골을 뜻하게 되었는지 아시겠죠?

산과 관련된 말

두메산골: 도회지에서 멀리 떨어져 사람이 많이 살지 않는 변두리나 깊은 곳.

예 예전에 두메산골 제 고향은 무척 가기 힘든 곳이었어요. 하지만 지금은 교통편이 좋아져서 다녀오기가 수월해졌어요.

첩첩산중(疊疊山中): 여러 산이 겹치고 겹친 산속.

예 첩첩산중이 따로 없네그려. 산 너머 산이요, 또 산 너머 산이네.

남의 허물을 다른 사람에게 말하지 마세요

聞人之過失이어든
문 인 지 과 실

如聞父母之名하여
여 문 부 모 지 명

耳可得聞이언정 口不可言也니라.
이 가 득 문 구 불 가 언 야

  명심보감의 뜻을 살펴보아요

聞	人	之	過	失	如	父	母
들을 문	사람 인	어조사 지	지날 과	허물 실	같을 여	아비 부	어미 모

名	耳	可	得	口	不	言	也
이름 명	귀 이	옳을 가	얻을 득	입 구	아닐 불	말씀 언	어조사 야

◎ 남의 허물을 듣거든 부모의 이름을 들은 것처럼 하여 귀로 들을지언정 입으로는 말하지 말라.

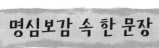

聞人之過失 이렇게 해석해요.

聞	人	之	過	失
·듣다	·사람	·~의	·지나다	·잃다
	·남	·~하는	·허물	·허물

···› 남의 허물을 듣다.

사람들은 남의 허물을 들으면 겉으로는 슬픈 척하지만 속으로는 고소해하며 그 일을 부풀려 말하곤 해요. 특히 나보다 잘나가는 사람이거나 연예인이면 더욱 심하지요. 이렇게 남이 잘되면 공연히 미워하거나 배가 아파 그를 깎아내리려고 하는 것을 '질투'라고 해요. 속담에 '사촌이 땅을 사면 배가 아프다.'라는 말이 있는 것으로 보아 누구나 가지고 있는 마음일 거예요.

자신이 불행하면서 남이 행복하기를 바라는 것은 무척 힘든 일이에요. 그런데 남이 잘못되기를 바라며 억지로 깎아내리는 사람이 과연 행복할까요? 아마 계속 자신을 남과 비교하며 자신의 삶을 원망하며 살 거예요. 그렇다면 어떻게 해야 할까요? 방법은 자신이 먼저 행복해지는 거예요. 내가 행복하면 다른 사람의 기쁨을 함께하는 사람이 되기가 쉽거든요.

명심보감은 말하고 있어요. 다른 사람의 잘못을 들으면 부모님의 이름을 들은 것같이 여겨, 들은 내용을 다른 사람에게 말하지 말라고 말이에요. 이 말은 남의 허물이나 불행을 듣고 고소해하며 아무 생각 없이 말을 옮겼다가 본인에게 화가 미칠 것을 염려하고 있어요. 참고로 옛날에는 다른 사람의 이름을 함부로 부르지 않았어요. 다 큰 성인의 이름은 부모나 스승 정도만이 부를 수 있었답니다.
그러니 부모님 이름은 더더욱 조심했겠지요.

耳不聞人之非하고 目不視人之短하고
이 불 문 인 지 비   목 불 시 인 지 단

口不言人之過라야 庶幾君子니라.
구 불 언 인 지 과   서 기 군 자

耳	不	聞	人	之	非	目	視
귀 이	아닐 불	들을 문	사람 인	어조사 지	그를 비	눈 목	볼 시

短	口	言	過	庶	幾	君	子
짧을 단	입 구	말씀 언	지날 과	여러 서	기미 기	임금 군	아들 자

🔹 귀로 남의 그릇됨을 듣지 않고, 눈으로 남의 단점을 보지 않고, 입으로 남의 허물을 말하지 않아야 거의 군자니라.

귀에는 계속 남을 험담하는 소리가 들릴 것이고, 눈에는 끊임없이 남의 단점이 보일 거예요. 그리고 입으로는 보고 들은 남의 험담과 단점을 마치 사실인 것처럼 거리낌 없이 말하고 싶을 거예요. 어떤 확인도 하지 않고 말이에요. 이제 알아야 해요. 이러한 행동이 얼마나 잘못된 것인지 말이에요.

얌체와 염치(廉恥)

얄밉게 자기에게 유리한 행동만 하는 사람을 두고 '얌체 같다.'고 하지요? 이 얌체는 염치가 없는 사람을 말하는데, 얌치는 염치(廉恥)에서 유래했어요. 흔히 잘못을 하고도 부끄러워할 줄 모르면 '염치없다.'고 하는데 얌체와 의미가 통한답니다. 비슷한 말로는 '몰염치(沒廉恥)하다.', '파렴치(破廉恥)하다.'가 있으며, 부끄러운 줄도 모르고 약삭빠르게 못된 짓을 하는 사람들을 말할 때는 '얌체족'이라고 해요.

사람들은 평생 자신의 얼굴보다 남의 얼굴을 더 많이 보고 살아요. 이 말은 다른 사람들이 내 얼굴을 계속 본다는 뜻이지요. 그래서 부끄러운 일을 저지르면 '낯을 들 수가 없다.'고 하는 거예요. 상상해 봐요. 모든 사람이 염치가 있어 잘못을 하면 부끄러워하고 서로 배려하는 세상을요. 그래서 우리는 얌체를 싫어하는지 몰라요.

얌체와 관련된 말

모기도 낯짝이 있지: 염치없고 뻔뻔스러움.

예 모기도 낯짝이 있지. 어떻게 내게 그리 말할 수 있어?

철면피(鐵面皮): 쇠로 만든 낯가죽이라는 뜻으로, 염치가 없고 뻔뻔스러운 사람을 낮잡아 이르는 말.

예 힘들게 줄 서 있는 사람들을 못 본 척하고 새치기를 하다니, 철면피가 따로 없다.

너무 욕심을 부리면 안 좋은 일이 생겨요

患生於多慾하고
환 생 어 다 욕

禍生於多貪하고　過生於輕慢하고
화 생 어 다 탐　　過 생 어 경 만

罪生於不仁이니라.
죄 생 어 불 인

  명심보감의 뜻을 살펴보아요

患	生	於	多	慾	禍	貪
근심 환	날 생	어조사 어	많을 다	욕심 욕	재앙 화	탐할 탐

過	輕	慢	罪	不	仁
허물 과	가벼울 경	거만할 만	죄 죄	아닐 불	어질 인

◐ 근심은 욕심이 많은 데서 생기고, 재앙은 탐욕이 많은 데서 생기며, 허물은 경솔하고 교만한 데서 생기고, 죄악은 어질지 못한 데서 생긴다.

過生於輕慢 이렇게 해석해요.

過	生	於	輕	慢
• 지나다	• 생기다	• ~에(서)	• 가볍다	• 게으르다
• 허물	• 살다	• ~과	• 경솔하다	• 거만하다

⋯▸ 허물은 경솔하고 교만한 데에서 생긴다.

너무 욕심이 없으면 나무라는 부모님도 계시지요. 그렇게 욕심이 없으면 다 빼앗겨 제 몫도 못 챙긴다고 말이죠. 그런데 곰곰이 생각해 보면 부모님이 모든 것에 다 욕심내라고 하지는 않아요. 주로 건강과 공부 그리고 남들이 대체적으로 가진 것에 대해서는 큰 관심을 보이지만, 먹을 것에 대해 과하게 욕심을 부리거나 가족이나 주변 사람들을 생각하지 않고 자기 욕심만 챙길 때는 혼을 내세요.

그렇다면 욕심에도 좋은 욕심과 나쁜 욕심이 있는 걸까요? 맞아요. 욕심에는 내도 되는 욕심이 있고, 내지 말아야 할 욕심도 있어요. 예를 들어 건강을 위해 운동 욕심을 적당히 부린다든지, 성적을 올리기 위해 공부 욕심을 내는 것은 환

영받는 일이에요. 하지만 친구가 가진 물건을 욕심내 몰래 훔친다면 절대 내서는 안 되는 욕심을 부린 거예요.

명심보감은 말하고 있어요. 적당한 욕심은 성공에 도움을 주지만 지나친 욕심은 오히려 화를 부른다고 말이에요. 또 경솔하고 교만한 태도로 일을 하면 잘못되기 쉽다고 경계하고 있어요. 이제 어떤 일이든 지나치면 안 된다는 것 아시겠죠?

명심보감 하나 더

太公曰 瓜田에 不納履하고
태 공 왈 과 전 불 납 리

李下에 不正冠이니라.
이 하 부 정 관

太	公	曰	瓜	田	不
클 태	공변될 공	가로 왈	오이 과	밭 전	아닐 불

納	履	李	下	正	冠
들일 납	신 리	오얏 리	아래 하	바를 정	갓 관

➡ 태공이 말하였다. "남의 오이 밭에서는 신을 고쳐 신지 말고, 남의 오얏나무(자두나무) 아래에서는 갓을 고쳐 쓰지 말라."

남의 오이 밭에서 신발을 고쳐 신는다고 앉아 있으면 오이를 훔치려는 줄 알 거예요. 남의 자두나무 아래에서 갓을 만지작거리며 바로잡고 있으면 자두를 훔치려고 하는 줄 알고 오해할 거예요. 이 글은 의심받을 일은 처음부터 하지 않는 것이 좋다고 충고하고 있어요.

주책과 주착(主着)

우리는 일정한 줏대가 없이 이랬다저랬다 하고 몹시 실없을 때 '주책없다.'고 해요. 주책은 주착(主着)에서 유래했어요. '주착'은 일정하게 자리 잡힌 주장이나 판단력을 뜻하지요. 또 '주책없다.'와 '주책이다.'를 헷갈려 하는데, '줏대가 없다.'는 뜻을 나타내기 위해서는 '주책없다.'라고 쓰는 게 맞아요.

사람은 자신만의 주관이 있어야 해요. 주관이 없으면 이리저리 휘둘리고, 오도 가도 못하다가 손가락질 받기 일쑤지요. 그럴 때 사람들은 '주책바가지'라고 놀려대요. 하지만 여러 가지 선택을 했더라도, 눈치 보고 한 일이 아니라 본인의 의지대로 했다면 당당해져야 해요. 누군가 물었을 때 머뭇거리지 않고 이유를 밝힐 수만 있다면 아무도 주책없다고 하지 못할 거예요. 아셨죠? 주책은 꼭 있어야 해요.

🏠 주책과 관련된 말

술에 술 탄 듯 물에 물 탄 듯: 주관 없이 말이나 행동이 분명하지 않음.

예 술에 술 탄 듯 물에 물 탄 듯 행동하지 말고 한쪽을 선택해야 하지 않겠니?

부화뇌동(附和雷同): 줏대 없이 남의 의견에 따라 움직임.

예 이번 일은 부화뇌동하지 말고 좀 더 차분히 기다려 봐요.

내가 잘못 볼 수도 있어요

經目之事도 恐未皆眞이어늘
경 목 지 사 　　공 미 개 진

背後之言을
배 후 지 언

豈足深信이리오.
기 족 심 신

명심보감의 뜻을 살펴보아요

經	目	之	事	恐	未	皆	眞
지날 경	눈 목	어조사 지	일 사	두려울 공	아닐 미	모두 개	참 진

背	後	言	豈	足	深	信
등 배	뒤 후	말씀 언	어찌 기	족할 족	깊을 심	믿을 신

직접 눈으로 경험한 일도 모두 참되지 아니할까 두렵거늘, 등 뒤에서 하는 말을 어찌 깊게 믿을 수 있으리오.

經目之事 이렇게 해석해요.

經　目　之　事

- 글
- 지나다

- 눈

- ~의
- ~하는

- 일
- 섬기다

⋯▸ 눈으로 지난(경험한) 일

만약 친했던 친구가 나를 째려보는 것 같아 기분이 상해 있는데, 나를 험담했다는 이야기까지 전해 들었다고 해 봐요. 이제 그 친구의 모든 말과 행동은 내가 싫어서 한다고 생각될 거예요.

그런데 잠깐만요. 여러분이 보고 들은 것이 모두 맞다고 확신할 수 있을까요? 혹시 그 친구가 몸이 아파 잠깐 인상을 쓴 것은 아닐까요? 나를 험담했다는 것도 나를 변호하는 것을 얼핏 잘못 듣고 생긴 오해가 아닐까요? 조금만 더 시간을 두고 기다렸다 판단해도 늦지 않을 텐데 사람들은 이미 자신이 생각하는 대로 판단해 버려요.

명심보감은 말하고 있어요. 자신이 직접 보고도 잘못 봤거나 틀릴 수 있는데, 누군가 뒤에서 하는 험담을 믿고 그 사람을 판단해서 되겠느냐고 말이에요.

서양의 경우를 살펴보면, '프로크루스테스의 침대'라는 말이 있어요. 그리스 신화에 등장하는 프로크루스테스라는 강도가 지나가는 행인을 붙잡아 침대에 눕혀 보고 키가 침대보다 길면 잘라 내고, 짧으면 늘려 죽인 데서 유래한 말이에요. 융통성 없이 자기가 세운 기준에 남의 생각을 억지로 맞추려 할 때 쓰는 말이지요.

　조금은 달라 보이는 두 이야기 모두 '내 생각이 틀리고 네가 맞을 수도 있어.'
라는 생각을 가져야 한다고 충고하는 것은 아닐까요?

명심보감 하나 더

子曰 衆이 好之라도 必察焉하며
자 왈 중 호 지 필 찰 언

衆이 惡之라도 必察焉이니라.
중 오 지 필 찰 언

子	日	衆	好	之
아들 자	가로 왈	무리 중	좋아할 호	어조사 지

必	察	焉	惡
반드시 필	살필 찰	어조사 언	미워할 오

➡ 공자가 말하였다. "여러 사람이 좋아하더라도 반드시 살펴보아야 하며, 여러
사람이 미워하더라도 반드시 살펴보아야 하느니라."

남이 좋아하면 아무 생각 없이 나도 좋아하고, 남이 싫어하면 아무 생각 없이 나도 싫어하
진 않나요? 남이 누군가의 좋은 점이나 나쁜 점을 얘기할 때 아무 생각 없이 따라 말한다
면 앵무새와 다를 게 무언가요? 모두가 그를 좋아해도 그가 진짜 좋은 사람인지 살펴보고,
모두가 그를 싫어해도 그가 진짜 나쁜 사람인지 살펴보아야 해요. 그런 다음 판단하세요.

흑자(黑字)와 적자(赤字)

TV를 보면 "우리나라의 이달 경상 수지가 흑자에서 적자로 바뀌었다." 식으로 말을 해요. 여기서 흑자(黑字)는 '검은 글씨'라는 뜻이고, 적자(赤字)는 '붉은 글씨'라는 뜻이에요. 조금 더 깊게 알아보면 흑자는 쓴 돈보다 벌어들인 돈이 많아 이익이 생겼다는 뜻이고, 적자는 벌어들인 돈보다 쓴 돈이 많아 손해가 생겼다는 뜻이에요. 왜 이런 말을 썼을까요? 유래는 간단해요. 옛날에는 수입과 지출을 기록하는 장부에 이익과 관계된 돈은 검은 글씨로 쓰고 손해와 관계된 돈은 붉은 글씨로 썼다고 해요.

흑자를 남기는 방법에는 크게 두 가지가 있어요. 어렵지 않으니 꼭 기억해요. 첫째는 쓰는 돈보다 많이 벌면 돼요. 둘째는 번 돈보다 적게 쓰면 돼요. 이 두 가지를 실천할 수만 있다면 누구나 부자가 될 수 있어요. 너무 쉬워서 당황하셨어요? 하지만 맞는 말 아닌가요?

🏠 이익이나 손해와 관련된 말

밑져야 본전: 일이 잘못되어도 손해 볼 것은 없다는 말.

예 길동아! 밑져야 본전이니 이 일을 한번 해 보는 건 어떨까?

감탄고토(甘呑苦吐): 달면 삼키고 쓰면 뱉는다는 뜻으로, 자신의 이익과 손해에 따라 갖고 싶으면 갖고 싫으면 버림.

예 당신의 감탄고토하는 태도에 많이 실망했어요.

남을 헐뜯으면 내 입이 먼저 더러워져요

傷人之語는 還是自傷이니
상 인 지 어 　 환 시 자 상

含血噴人이면
함 혈 분 인

先汚其口니라.
선 오 기 구

 명심보감의 뜻을 살펴보아요

傷	人	之	語	還	是	自
다칠 상	사람 인	어조사 지	말씀 어	돌아올 환	이 시	스스로 자

含	血	噴	先	汚	其	口
머금을 함	피 혈	뿜을 분	먼저 선	더러울 오	그 기	입 구

◐ 남을 다치게 하는 말은 도리어 스스로를 해치는 것이니, 피를 머금어 남에게 뿜으면 먼저 자기의 입을 더럽히느니라.

傷人之語 이렇게 해석해요.

傷	人	之	語
• 다치다	• 사람 • 남	• ~의 • ~하는	• 말씀

⋯▶ 남을 다치게 하는 말

마음에 들지 않은 친구가 있어 실컷 욕해 주고 왔다고 생각해 봐요. 마음속에 자리한 응어리를 풀어 시원함은 있을지 모르지만 이상하게 한편으로 꺼림칙해요. 왜 그럴까요? 내가 너무 심한 말을 했다고 생각해서일까요? 아니면 '다시 만날 때 어떻게 대해야 하나?'라는 생각에 난감해서일까요? 곰곰이 생각해 보니 친구 입장에서는 크게 잘못한 일도 아니었다는 생각이 들면, 참지 못한 자신이 원망스러워질 거예요. 그런데 어떡해요? 뱉은 말을 다시 주워 담을 수도 없고, 그 친구는 이미 상처받을 대로 받았을 텐데 말이에요.

명심보감은 말하고 있어요. 더러운 말을 하면 자신의 입이 먼저 더러워지고, 해치는 말을 하면 자신도 상처를 받는다고 말이에요. 상대를 다치게 하는 사

나운 말은 마치 손잡이 없는 칼과 같아서, 상대를 찌르면 내 손에서도 피가 나지요. 혹시 여러분도 누군가에게 심한 말을 해 큰 상처를 준 일이 있다면, 지금이라도 찾아가 진심으로 사과하세요. 만약 시간이 조금 지났어도 진심으로 사과한다면 상대방을 어느 정도 치유해 줄 수 있거든요.

명심보감 하나 더

喜怒는 在心하고 言出於口하나니
희 로   재 심   언 출 어 구

不可不愼이니라.
불 가 불 신

喜	怒	在	心	言	出
기쁠 희	성낼 로	있을 재	마음 심	말씀 언	날 출

於	口	不	可	愼
어조사 어	입 구	아닐 불	옳을 가	삼갈 신

○ 기뻐하고 노여워하는 것은 마음속에 있고, 말은 입에서 나오는 것이니 삼가지 않으면 안 되느니라.

기뻐하고 성내는 것은 마음속 감정이라 내가 밖으로 드러내지 않으면 남을 다치게 하거나 아프게 하지 않아요. 하지만 말이라는 것은 분명 입 밖으로 나가는 것이라 다른 사람에게 고통을 줄 때가 많아요. 그래서 말은 조심스럽게 해야 한답니다.

가게와 가가(假家)

　길거리에서 물건을 벌여 놓고 파는 곳으로, 비교적 작은 규모의 집을 '가게'라고 해요. 가게라는 말은 '임시 가'와 '집 가'를 합친 가가(假家)에서 유래했어요. 일정한 시설을 갖추고 물건을 파는 곳을 상점(商店)이라고 하는 것으로 보아, 가게는 '거리에 임시로 물건을 펼쳐 놓고 파는 곳'임을 알 수 있어요.

　가게와 비슷한 말로 점포나 상가라는 말이 있어요. 그런데 상가는 잘 구별해서 써야 해요. '집 가' 자를 쓰는 상가(商家)는 가게를 뜻하지만, '거리 가' 자를 쓰는 상가(商街)는 '상점들이 죽 늘어서 있는 거리'라는 뜻이에요. 한글로는 똑같이 쓰지만 문맥에 따라 상가(商家)와 상가(商街)를 구별해 써야 해요. 만약 누군가 지하 상가에 가서 물건을 샀다고 하면 여기서 상가는 상가(商街)겠지요?

🏠 가게와 관련된 말

고양이한테 생선을 맡기다: 고양이한테 생선을 맡기면 고양이가 생선을 먹을 것이 뻔한 일이란 뜻으로, 어떤 일이나 사물을 믿지 못할 사람에게 맡겨 놓고 마음이 놓이지 않아 걱정함. = 고양이 보고 반찬 가게 지키라는 격(이다).

📙 너에게 과자를 맡기는 건 고양이한테 생선을 맡기는 격이지.

양두구육(羊頭狗肉): 양의 머리를 걸어 놓고 개고기를 판다는 뜻으로, 겉보기만 그럴듯하게 보이고 속은 변변하지 아니함.

📙 시민을 위한 예산안 처리를 미룬 시 의원들을 보고 양두구육이란 말이 생각났다.

상관없는 일에 무작정 끼어들지 말아요

戒身_{하여} 莫隨惡伴_{하며}
계 신 　　 막 수 악 반

無益之言_을 莫妄說_{하고}
무 익 지 언 　　 막 망 설

不干己事_를 莫妄爲_{하리라}.
불 간 기 사 　　 막 망 위

 명심보감의 뜻을 살펴보아요

戒	身	莫	隨	惡	伴	無	益	之
경계할 계	몸 신	말 막	따를 수	악할 악	짝 반	없을 무	이로울 익	어조사 지

言	妄	說	不	干	己	事	爲
말씀 언	허망할 망	말씀 설	아닐 불	간여할 간	자기 기	일 사	할 위

● 몸을 경계하여 나쁜 짝을 따르지 말며, 무익한 말은 함부로 말하지 말고 자기와 관계없는 일은 함부로 하지 말라.

64

不干己事 이렇게 해석해요.

不 干 己 事

- 아니다
- 간여하다

- 방패
- 자기

- 몸

- 일
- 섬기다

⋯▶ 자기와 관계없는 일

누구나 혼자가 되기 싫어하는 마음이 있어요. 그래서 친구들과 어울리다 보면 어쩔 수 없이 하게 되는 일이 생기지요. 다 하는데 나만 안 하고 있으면 못나 보일까 봐서 말이죠. 문제는 좋은 친구를 만나 착한 행동을 할 때가 아니라, 나쁜 행동을 하는 친구랑 어울릴 때예요. 나쁜 말에 맞장구쳐 주면서 나도 나쁜 말을 하게 되고, 그 친구들과 어울리다 보면 혼자서는 도저히 못 할 나쁜 행동도 스스럼없이 하게 돼요. 이 그릇됨의 출발은 나쁜 행동을 하는 친구랑 너무 어울렸다는 거예요.

명심보감은 말하고 있어요. 나쁜 행동을 하는 벗을 사귀지 말고, 쓸 데없는 말을 해 사람들에게 고통을 주지 말 것이며, 자신과 관계없는 일은 신중하게 생각해 옳지 않으면 끼어들지 말라고 말이에요.

여러분 주변에는 착한 행동을 하는 친구와 나쁜 행동을 하는 친구들이 있을 거예요. 어떤 친구를 사귀느냐에 따라 여러분의 삶이 바뀌어요. 그런데 이에 앞서 생각해 볼 것이 있어요. 먼저 자신을 한 번 돌아보세요. 자신은 과연 친구들에게 좋은 친구인가요? 아니면 나쁜 친구인가요?

명심보감 하나 더

濫想은 徒傷神이요
남 상   도 상 신

妄動은 反致禍니라.
망 동   반 치 화

濫	想	徒	傷	神
넘칠 남	생각 상	다만 도	다칠 상	귀신 신

妄	動	反	致	禍
허망할 망	움직일 동	되돌릴 반	이를 치	재앙 화

◐ 지나친 생각은 다만 정신을 상하게 할 뿐이요, 망령된 행동은 도리어 재앙을 부르느니라.

다른 사람이 한 별 뜻 없는 말이나 행동까지 혼자 끙끙 앓으며 고민하는 사람이 있어요. 한 번 생각이 꼬리를 물면 끊어지지 않고 하루 종일 머릿속을 맴돌죠. 다른 일은 손에 잡히지도 않아요. 알고 보면 그렇게 고민할 문제도 아닌데 말이에요. 이제 그 문제는 잠시 덮어 두고 기분 전환하며 잊으세요. 내가 고민을 한다고 해서 크게 바뀔 일도 아니거든요.

낭과 패가 떨어지면 낭패(狼狽)

계획한 일이 실패로 돌아가거나, 생각했던 것과 같이 흘러가지 않아 몹시 당황스러울 때, '낭패', 또는 '낭패를 보다.'라고 해요.

낭(狼)이라는 이리는 앞발이 길고 뒷발이 짧아요. 패(狽)라는 이리는 앞발이 짧고 뒷발이 길어요. 이 둘은 함께 있지 않으면 서 있지도 걷지도 못해요. 만약 함께 가다 발이 맞지 않거나 마음이 맞지 않아 떨어지기라도 하면 둘 다 넘어지지요. 정말 낭패가 아닐 수 없어요. 낭과 패는 실제로 있는 동물이 아니라 어디까지나 상상의 동물이에요.

교토삼굴(狡兎三窟)이라는 고사성어가 있어요. 영리한 토끼는 세 개의 굴을 파 놓고 만일을 대비한다는 뜻이지요. 여러분도 평소 준비를 철저히 하며 일의 진행 상황을 수시로 살피고 대처해야 어떤 일에든 낭패를 보지 않는답니다.

낭패와 관련된 말

모양내다 얼어 죽겠다: 실속 없이 겉보기나 형식만 신경 쓰다가는 낭패할 수 있음을 핀잔하는 말.

예 이 한겨울에 반팔이라니 모양내다 얼어 죽겠다.

진퇴양난(進退兩難): 이러지도 저러지도 못하는 어려운 처지.

예 약속은 했는데 지킬 방법이 없으니, 진퇴양난이 따로 없네.

逢人에 且說三分話하고
봉 인   차 설 삼 분 화

未可全抛一片心이니
미 가 전 포 일 편 심

不怕虎生三個口요
불 파 호 생 삼 개 구

只恐人情兩樣心이니라.
지 공 인 정 량 양 심

 명심보감의 뜻을 살펴보아요

逢	人	且	說	三	分	話	未	可
만날 봉	사람 인	또 차	말씀 설	석 삼	나눌 분	말할 화	아닐 미	옳을 가

全	抛	一	片	心	不	怕	虎	生
모두 전	던질 포	한 일	조각 편	마음 심	아닐 불	두려워할 파	호랑이 호	날 생

個	口	只	恐	情	兩	樣
낱 개	입 구	다만 지	두려울 공	뜻 정	두 량	모양 양

사람을 만나면 우선 삼분의 일만 말하고 한 조각 속마음까지 다 털어놓지 말지니, 호랑이가 세 번 입을 벌리는 게 두려운 것이 아니요, 다만 사람의 두 마음이 두려우니라.

🌸 **未可全抛** 이렇게 해석해요.

未　可　全　抛

- 아니다
- ~할 만하다

- 옳다

- 온전하다
- 모두

- 던지다
- 버리다

⋯▸ 모두 던지는(털어놓는) 것은 옳지 않다.

　어느 날 생각 없이 털어놓은 비밀이 퍼져 곤란했던 적은 없나요? 만약 있다면 여러분의 말벗 중 누군가에게서 소문이 시작됐을 거예요. 그러니 가장 깊은 속마음을 털어놓을 때에는 상대가 어떤 사람인지 생각해야 해요. 속마음을 모두 털어놓아도 될 만큼 친하고 신뢰할 수 있는 사람인지 먼저 살펴야지요. 평소 말하는 도중에 판단하기는 어려운 일이니 미리 정해 놓는 것도 좋은 방법이에요. 자신이 어떤 말을 하더라도 비밀을 지켜 주고 진심으로 나를 걱정해 줄 친구가 주변에 있는지 살펴봐요. 혹시 떠오르는 친구가 있나요? 그렇다면 그 친구에게는 편하게 말해도 돼요. 하지만 나머지 친구들에게는 자신의 속내를 100퍼센트 말하지 마세요.

　고사성어 중에 간담상조(肝膽相照)라는 말이 있어요. 풀이하면 간과 쓸개를 서로 비춘다는 말로 속마음까지 숨김없이 털어놓을 수 있는 사귐을 뜻해요. 앞으로 여러분에게 간담상조할 수 있는 친구가 늘 함께했으면 좋겠어요.

　명심보감은 말하고 있어요. 사람을 만나면 자신의 마음 중 삼분의 일만 말하고 나머지는 꺼내 보이지 말라고 말이에요. 친했던 사람이 멀어져 다른 마음을 품으면 호랑이 입보다 무섭다고 말이죠. 자신과 친했던 사람이 적이 되면 가장 무서운 적이 된다는 말이 달리 생긴 것이 아니에요.

利人之言은 煖如綿絮하고
이 인 지 언   난 여 면 서

傷人之語는 利如荊棘이라.
상 인 지 어   이 여 형 극

利	人	之	言	煖	如
이로울 이	사람 인	어조사 지	말씀 언	따뜻할 난	같을 여

綿	絮	傷	語	荊	棘
이어질 면	솜 서	다칠 상	말씀 어	가시 형	가시 극

◐ 사람을 이롭게 하는 말은 따뜻하기가 솜과 같고, 사람을 상하게 하는 말은 날카롭기가 가시와 같다.

사람을 이롭게 하는 말을 듣기 좋은 말만 하는 것으로 오해하면 안 돼요. 뼈 있는 충고는 들을 때는 귀에 거슬리지만 잘못된 점을 고치는 데 도움이 되거든요. 충고할 때는 아픈 데를 톡 쏘듯이 하지 말고, 따뜻한 격려가 섞인 말로 하면 더 좋아요. 진정으로 상대방이 잘되기를 바라며 말이에요.

할머니의 마음, 노파심(老婆心)

　필요 이상으로 남의 일을 걱정하고 염려하는 마음을 노파심(老婆心)이라고 해요. 풀이하면 '늙은 할머니의 마음'이라는 뜻이에요. 할머니는 살아 온 세월이 있어 크고 작은 일을 많이 경험하셨어요. 그러다 보니 행여나 자식과 손주들이 아프거나 다칠까 봐 매사에 걱정뿐이지요. 우리들은 그냥 잔소리로만 흘려듣지만 할머니의 걱정 속에는 자식과 손주들에 대한 사랑이 가득하답니다.

　할머니도 그러신데 낳고 길러 주신 부모님의 자식 걱정은 오죽하겠어요? 여러분도 가끔 엄마의 잔소리 때문에 힘들 때가 있지요? 그럴 때는 '엄마가 나를 많이 걱정하고 사랑하시는가 보다.' 생각해 봐요. 그리고 꼭 안아 드리세요. 그러면 엄마의 입가에 웃음이 번질 거예요.

걱정과 관련된 말

걱정도 팔자다: 하지 않아도 될 걱정을 하거나 관계도 없는 남의 일에 참견하는 사람에게 놀림조로 이르는 말.

예 연습도 하기 전에 팀워크부터 걱정하다니 참 걱정도 팔자다.

기우(杞憂): 앞일에 대해 쓸데없는 걱정을 함. 옛날 중국 기(杞)나라에 살던 한 사람이 '만일 하늘이 무너지면 어디로 피해야 좋을 것인가?' 하고 침식을 잊고 걱정하였다는 데서 유래함.

예 '소풍날 비가 오면 어쩌나?' 하고 걱정했는데 기우였다.

4장. 좋은 마음 찾기

素書云
소 서 운

薄施厚望者는 不報하고
박 시 후 망 자 불 보

貴而忘賤者는 不久니라.
귀 이 망 천 자 불 구

명심보감의 뜻을 살펴보아요

素	書	云	薄	施	厚	望	者
흴 소	책 서	이를 운	엷을 박	베풀 시	두터울 후	바랄 망	사람 자

不	報	貴	而	忘	賤	久
아닐 불	갚을 보	귀할 귀	말 이을 이	잊을 망	천할 천	오랠 구

◎ 《소서》에서 말하였다. "박하게 베풀고 후한 것을 바라는 자는 보답을 받지 못하고, 귀해졌다고 천할 때를 잊은 자는 오래가지 못하느니라."

74

貴而忘賤者 이렇게 해석해요.

貴	而	忘	賤	者
• 귀하다	• ~하고 • ~하지만	• 잊다	• 천하다	• ~하는 사람 • ~라는 것

⋯▶ 귀해졌다고 천할 때를 잊은 사람

빵 하나 사 주고 생색내면서 볼 때마다 갚으라는 친구가 있어요. 분명 그 친구가 한 번 샀으니 내가 사는 것은 맞지만 다음에 또 무얼 사 준다고 해도 전혀 반갑지가 않아요. 그 친구는 베풀었다고 생각하는 것이 아니라 꿔 주었다고 생각해서 언젠가 받으려고 하는 거예요. 사람들은 무언가 베풀면 겉으로 하는 말과는 다르게 속으로는 돌려받기를 원해요. 만약 자신이 베푼 것과 같거나 더 크게 돌아오지 않으면 은혜도 모르는 사람이라고 뒤에서 험담도 하지요.

이제 돌려받지 않아도 괜찮다고 생각하며 마음 편하게 베푸세요. 돌려받으면 좋은 거고, 돌려받지 않아도 앙금이 남아 있지 않으니 그 사람과 좋은 관계를 유지할 수 있지요. 만약 꼭 돌려받아야 할 거라면 상대에게 의사 표현을 분명히 하고 필요에 따라서는 증서도 꼭 남겨야 한다는 거 잊지 마세요.

　명심보감은 말하고 있어요. 조금 베풀고 자신에게 많이 돌아오기를 바라는 사람은 결국 사람들의 믿음을 잃고 얻는 것도 없을 것이며, 힘들고 어려웠을 때 가졌던 마음과 도움을 주었던 사람들을 잊고 사는 사람은 지금 누리고 있는 영화로움을 오래 지속할 수 없다고 말이에요.

명심보감 하나 더

施恩이어든 勿求報하고
시　은　　　　물　구　보

與人이어든 勿追悔하라.
여　인　　　　물　추　회

施	恩	勿	求	報
베풀 시	은혜 은	말 물	구할 구	갚을 보

與	人	追	悔
줄 여	사람 인	쫓을 추	뉘우칠 회

▶ 은혜를 베풀었거든 보답을 구하지 말고, 남에게 주었거든 후에 뉘우치지 말라.

"이거 너 가져!" 하면서 기분 좋게 주었다가도 나중에 엄청 후회하는 경우가 있어요. 이렇게 후회하지 않기 위해서는 물건을 건네기 전에 자신에게 먼저 물어보세요. 이 물건이 나에게 없어도 되는지, 또 그 사람에게 맞는 물건인지를요. 이렇게 생각해 보고 만약 내 마음이 허락한다면 좋은 마음으로 주세요. 그리고 잊으세요. 이제 더 이상 그 물건은 내 것이 아니니까요.

무너지는 기왓장, 와해(瓦解)

　햇빛과 비바람에 오랫동안 노출된 기와는 땅에 떨어지면 쉽게 부서져요. 또 집에 불이 나거나 기둥이 썩어 기와의 무게를 이기지 못하면 지붕이 폭삭 주저앉아 버려요. 와해(瓦解)는 기와의 이러한 특성에서 유래한 말로, 어떤 조직이나 계획이 산산이 무너지고 흩어질 때 사용해요. 풀이하면 '기와가 깨진다.'는 뜻이에요.

　기와집은 기와로 지붕을 이은 집이에요. 옛날에는 양반들이 주로 기와집에 살고 평민들은 초가집을 짓고 살았어요. 그런데 특히 신분이 높은 사람들은 검은색 기와를 쓰지 않고 푸른빛의 단단한 기와로 지붕을 이었어요.

　서울 경복궁 뒤 북악산 기슭에 대통령이 살고 있는 집을 청와대(靑瓦臺)라고 하지요? 청와대는 '푸른색 기와집'이라는 뜻이에요. 푸른 기와로 지붕을 이었기 때문에 청와대라 불리는 거지요.

🧱 무너짐과 관련된 말

하늘이 무너져도 솟아날 구멍이 있다: 아무리 어려운 경우에 처하더라도 살아 나갈 방도가 생긴다는 말.

⑩ 기운 내요! 사람이 죽으란 법은 없고, 하늘이 무너져도 솟아날 구멍이 있다고 하지 않나요?

사상누각(沙上樓閣): 모래 위에 세운 누각이라는 뜻으로, 기초가 튼튼하지 못하여 오래 견디지 못할 일이나 물건.

⑩ 사상누각이란 말처럼 기초가 튼튼하지 못하면 무너지기 마련이야.

남 탓은 쉽고 자신을 돌아보는 건 어려워요

人雖至愚나 責人則明하고
인 수 지 우 책 인 즉 명

雖有聰明이나
수 유 총 명

恕己則昏이라.
서 기 즉 혼

 명심보감의 뜻을 살펴보아요

人	雖	至	愚	責	則	明
사람 인	비록 수	지극할 지	어리석을 우	꾸짖을 책	곧 즉	밝을 명

有	聰	明	恕	己	昏
있을 유	총명할 총	밝을 명	용서할 서	자기 기	어두울 혼

◐ 사람이 비록 지극히 어리석을지라도 남을 책망하는 데는 밝고, 비록 총명함이 있을지라도 자기를 용서하는 데는 어둡다.

78

人雖至愚 이렇게 해석해요.

人	雖	至	愚
· 사람 · 남	· 비록	· 이르다 · 지극히	· 어리석다

···› 사람이 비록 지극히 어리석더라도

반 대항 축구 경기를 구경하면 안타까울 때가 많아요.

"왜 패스를 하지 않고 몰고 가다 공을 뺏길까?"

"저기서 패스하지 말고 바로 슛을 했어야지. 스트라이커의 판단 능력이 좋지 않아."

"저걸 놓치다니. 저 골키퍼는 위치 선정이 좋지 않군."

"내가 하면 분명 저 친구보다 잘할 텐데."

누가 알려 준 것도 아닌데 친구들의 단점이 쉴 새 없이 한눈에 들어와요. 경기장 밖에서 보면 친구들의 단점이 어찌 그리도 잘 보이는지요. 사실 반 대표로 뽑힌 친구들이라 나보다 공을 못 차는 것도 아닌데 말이에요.

명심보감은 말하고 있어요. 어리석은 사람일지라도 남의 단점을 찾

아 훈계하는 일은 잘할 수 있고, 총명하고 지혜로운 사람도 실수를 저지른 후 사과와 대처가 서투를 수 있다고 말이에요. 만약 잘못된 행동을 했다면 이리저리 핑계 대며 피하려고만 하지 말고, 인정하고 고치려고 노력해야 해요. 이 일은 보통 어려운 일이 아니랍니다. 오죽하면 속담에 "남의 흉이 한 가지면 제 흉은 열 가지"라는 말이 있겠어요?

명심보감 하나 더

景行錄云 責人者는 不全交요
경 행 록 운 책 인 자 부 전 교

自恕者는 不改過니라.
자 서 자 불 개 과

景	行	錄	云	責	人	者
볕 경	다닐 행	기록할 록	이를 운	꾸짖을 책	사람 인	사람 자

不	全	交	自	恕	改	過
아닐 불	온전할 전	사귈 교	스스로 자	용서할 서	고칠 개	지날 과

▶ 《경행록》에서 말하였다. "남을 꾸짖는 자는 사귐을 온전히 하지 못하고, 자기를 용서하는 자는 허물을 고치지 못하느니라."

다른 사람과 사이가 좋지 않을 때, 대부분 내 잘못은 빼고 상대방의 잘못만 얘기해요. 그만큼 자신에게는 너그럽게 대하고, 상대에게는 엄격하게 대하는 거죠. 그런데 생각하면 상대방도 똑같은 입장이니 서로 남 탓만 하는 꼴이에요. 이렇게 계속 남 탓만 하고 자신의 허물을 인정하지 않으면 가깝게 지내던 사람들이 하나둘 떠날 수밖에 없답니다.

말을 어떻게 먹어요? 식언(食言)

약속한 말을 지키지 않을 때, 식언(食言)이라는 표현을 해요. 풀이하면 '말을 먹는다.' 로, 자신이 했던 말을 도로 입 속으로 집어넣고 지키지 않는다는 뜻이에요.

《삼국사기》에 실린 〈온달전〉에도 이 식언(食言)이라는 말이 나와요. 평원왕은 평강 공주가 울 때마다 바보 온달에게 시집보낸다고 했다가, 공주가 크자 고씨 집안에 시집 보내려 했어요. 그러자 공주가 말했어요.

"신분이 낮은 일반 백성도 식언을 하려고 하지 않는데, 하물며 임금님이 식언을 해서야 되겠습니까?"

이후 울보 평강 공주는 아버지가 평소에 했던 말을 지키기 위해 바보 온달을 찾아가 결혼을 해요. 그리고 바보 온달을 훌륭한 장군으로 만든답니다. 너무나 당찬 평강 공주의 모습에 당황하셨어요? 하지만 임금이 약속을 지키지 않으면 아랫사람도 약속을 지키지 않을 거라고 생각해 온달을 찾아간 공주에게는 분명 배울 점이 있어요.

약속과 관련된 말

입술에 침도 마르기 전에 돌아앉는다: 서로 약속이나 다짐 따위를 하고 나서 금방 태도를 바꾸어 행동하는 경우.

예 입술에 침도 마르기 전에 돌아앉는다더니, 금방 한 약속을 어찌 그리도 쉽게 깰 수 있는 것이오?

미생지신(尾生之信): 우직하여 융통성이 없이 약속만을 굳게 지킴.

예 중국 춘추 시대에 미생이라는 사람이 있었는데, 다리 밑에서 만나자고 한 여자와의 약속을 지키기 위하여 홍수에도 피하지 않고 기다리다가 물에 빠져 죽었대. 거기에서 '미생지신'이라는 말이 나왔지.

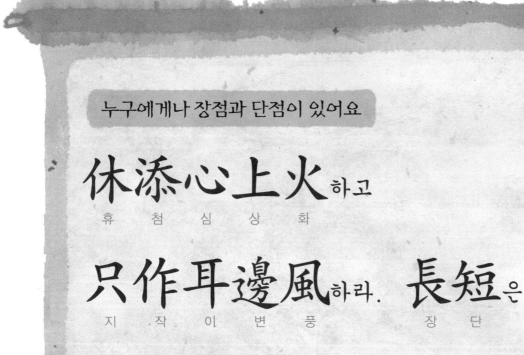

누구에게나 장점과 단점이 있어요

休添心上火하고
휴 첨 심 상 화

只作耳邊風하라. 長短은
지 작 이 변 풍 장 단

家家有요 炎凉處處同이라.
가 가 유 염 량 처 처 동

 명심보감의 뜻을 살펴보아요

休	添	心	上	火	只	作	耳	邊
말 휴	더할 첨	마음 심	위 상	불 화	다만 지	지을 작	귀 이	가 변

風	長	短	家	有	炎	凉	處	同
바람 풍	길 장	짧을 단	집 가	있을 유	불탈 염	서늘할 량	곳 처	같을 동

◐ (어리석은 사람이 성을 내면) 마음 위에 화를 더하지 말고 다만 귓가의 바람이라 여겨라. 장점과 단점은 집집마다 있고, 따뜻하고 서늘한 곳은 곳곳마다 같으니라.

😊 **休添心上火** 이렇게 해석해요.

休	添	心	上	火
• 쉬다 • 말라	• 더하다	• 마음	• 위	• 불 • 화

⋯▶ 마음 위에 화를 더하지 말라.

친한 사이끼리 사소한 말다툼이 큰 싸움으로 번지는 것을 종종 봐요. 그런데 왜 싸우는지 궁금해 그 속을 찬찬히 들여다보면, 말은 구실에 불과하고 평소에 쌓인 안 좋은 감정 때문인 경우가 많아요.

그렇다면 왜 친한 사람들끼리 안 좋은 감정이 쌓이는 걸까요? 일단 두 가지를 추측해 볼 수 있어요. 그 하나는 나를 잘 대접해 주지 않는다고 생각하기 때문이에요. 친구 대접, 선배 대접, 실력자 대접 등 존중받고 대접받고 싶은데 상대방이 나를 그렇게 대하지 않는 것에 화가 난 거죠. 또 하나는 나에게 없는 것을 상대가 가지고 있어 질투하는 것일 수 있어요. 질투의 대상이 그가 가진 물건일 수

도 있고 뛰어난 재능일 수도 있어요. 질투란 누구나 가지고 있는 감정이거든요.

명심보감은 말하고 있어요. 어리석은 사람이 성을 내면 마음속에 화를 품지 말고, 흘려 버리라고 말이에요. 또 누구나 장점과 단점이 있어, 남이 나를 좋아할 수도 있고 싫어할 수도 있다는 것을 알아야 해요. 그러니 남이 나를 어떻게 보고 어떻게 대접하느냐에 신경 쓰기보다는 어떤 길을 가야 할지를 찾고 노력하는 것이 더 중요하답니다.

명심보감 하나 더

得忍且忍이요 得戒且戒하라.
득 인 차 인   득 계 차 계

不忍不戒면 小事成大니라.
불 인 불 계   소 사 성 대

得	忍	且	戒	不
얻을 득	참을 인	또 차	경계할 계	아닐 불

小	事	成	大
작을 소	일 사	이룰 성	큰 대

➡ 참을 수 있으면 우선 참고, 경계할 수 있으면 우선 경계하라. 참지 않고 경계하지 않으면 작은 일이 크게 되느니라.

참기 힘든 일이 생겼을 때, 가슴을 펴고 심호흡을 크게 해 봐요. 그런 다음 무작정 화를 내지 말고 생각해 봐요. 이 일이 정말 화를 내야 하는 일인지, 참아도 될 일인지 말이에요. 화가 나 아무 생각도 나지 않는데, 어떻게 그게 가능하냐고요? 그래서 명심보감은 일단 먼저 참고 생각해 보라고 충고하고 있어요. 생각해 보고 화를 내도 늦지 않으니까 당연히 후회할 일이 줄어들겠죠?

어깨를 나란히, 비견(比肩)

　앞서거나 뒤서지 않고 어깨를 나란히 한다는 뜻으로, 낮고 못할 것이 없이 정도가 서로 비슷할 때 비견(比肩)이라는 말을 해요. 예를 들어 "축구 전문가들은 호날두의 실력을 메시와 비견하였다."라고 할 때 사용해요.

　비슷한 성어로는 '누구를 위라 하기 어렵고 누구를 아래라 하기 어렵다.'라는 뜻인 막상막하(莫上莫下)와 '첫째와 둘째의 모양새'인 백중세(伯仲勢), 또는 백중지세(伯仲之勢)가 있어요. 이와 비슷한 뜻이지만 주로 부정적일 때 쓰는 말로 오십보백보(五十步百步), 도토리 키 재기가 있어요. 다들 많이 쓰이는 말이니 함께 정리해 볼까요?

주로 긍정적일 때 사용	주로 부정적일 때 사용
비견, 막상막하, 백중세, 백중지세, 난형난제	오십보백보, 도토리 키 재기, 난쟁이끼리 키 자랑하기

비견과 관련된 말

　난형난제(難兄難弟): 누구를 형이라 하고 누구를 아우라 하기 어렵다는 뜻으로, 두 사물이 비슷하여 낮고 못함을 정하기 어려움.

　예 둘의 실력이 참으로 난형난제일세. 둘 다 우리나라를 빛낼 선수들이야.

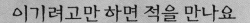

이기려고만 하면 적을 만나요

景行錄云
경 행 록 운

屈己者는 能處重하고
굴 기 자 능 처 중

好勝者는 必遇敵이니라.
호 승 자 필 우 적

 명심보감의 뜻을 살펴보아요

景	行	錄	云	屈	己	者	能
볕 경	다닐 행	기록할 록	이를 운	굽을 굴	몸 기	사람 자	능할 능

處	重	好	勝	必	遇	敵
곳 처	무거울 중	좋아할 호	이길 승	반드시 필	만날 우	적 적

◐ 《경행록》에서 말하였다. "자기를 굽히는 자는 능히 중요한 자리에 오를 수 있고, 이기기를 좋아하는 자는 반드시 적을 만나느니라."

必遇敵 이렇게 해석해요.

必	遇	敵
• 반드시	• 만나다 • 대접하다	• 맞서다 • 적

···▸ 반드시 적을 만나다.

남에게 지는 것을 못 참는 친구들이 있어요. 경기에서 지기라도 하는 날이면 패배를 인정하지 않고 얼굴이 붉으락푸르락하고, 동료들을 탓하며 화를 내곤 해요. 또 이런 친구는 이기기 위해 수단과 방법을 가리지 않는 경우가 종종 있어요. 이기려는 마음이 너무 커 지금 행동이 다른 사람에게 피해를 준다는 것을 생각하지 못하는 거예요.

경기에 나가서는 이기기 위해 최선을 다해야 해요. 하지만 승부가 결정 난 뒤에는 결과를 인정할 줄 알아야 해요. 승리했다면 기뻐하면서도 패자를 다독일 줄 알아야 하고, 패배했다면 아쉽지만 승자에게 박수를 보낼 줄도 알아야지요. 경기에서 진 뒤 가장 중요한 것은 승자를 미워하는 것이 아니라, 패배의 원인을 찾고 다음에 승리할 수 있도록 자신

의 실력을 키우는 거예요.

명심보감은 말하고 있어요. 겸손하게 자신을 낮추는 사람은 높은 자리에 오를 수 있고, 상대방에게 지기 싫어 어떻게 해서든 이기려는 사람은 반드시 적을 만난다고 말이에요. 여러분도 이길 때나 질 때나 박수를 받을 수 있는 경기를 펼치도록 최선을 다해야 해요. 진짜 부끄러운 것은 자신이 경기장에서 최선을 다하지 않은 것이지 경기에서 진 것이 아니거든요.

명심보감 하나 더

凡事에 留人情이면
범 사 유 인 정

後來에 好相見이니라.
후 래 호 상 견

凡	事	留	人	情
무릇 범	일 사	머무를 유	사람 인	뜻 정

後	來	好	相	見
뒤 후	올 래	좋을 호	서로 상	볼 견

◑ 모든 일에 인정을 두면 훗날이 올 때 서로 좋게 보게 되느니라.

다시는 만날 일이 없다고 생각해 헤어질 때 함부로 대하는 경우가 있어요. 살다 보면 언제 어디서 어떻게 다시 만날지 모르는데 말이에요. 꼭 나중에 만날 수도 있으니 지금 잘하라는 뜻만은 아니에요. 잘 지내다가 앞으로 만날 일이 없다고 모르는 척한다면 상대방은 얼마나 서운하겠어요? 입장 바꿔 나에게도 그런 상황이 오면 당연히 서운할 거예요.

차가운 마음, 한심(寒心)

상대방이 바라는 기대치에 훨씬 모자랐을 때, '한심하다.'는 표현을 해요. 한심(寒心)을 풀이하면 '차가운 마음'이라는 뜻이에요. 원래 심장이 차가워질 정도로 몹시 무섭거나 두려워 몸이 벌벌 떨린다는 뜻이 있었지만 요즘은 상대에게 몹시 상심했거나 실망해서 마음이 딱할 때 주로 사용해요.

누군가에게 '한심하다.'는 말을 들은 적이 있나요? 이 표현을 들으면 자신이 못나 보이고, 이 정도밖에 안 되나 하는 생각에 어깨까지 움츠러들어요. 이제 다른 사람에게 한심하다는 표현보다 '뜨거운 마음'을 뜻하는 열심(熱心)이라는 표현을 써 보는 것은 어떨까요?

"이런 한심한 놈 같으니."라고 말하지 말고, "기운 내. 열심히 하면 할 수 있어."라고 말하는 거예요.

한심과 관련된 말

사람과 산은 멀리서 보는 게 낫다: 사람을 가까이 사귀면 멀리서 볼 때 안 보이던 결점이 다 드러나 실망하게 됨.
예 사람과 산은 멀리서 보는 게 낫다더니, 당신과 지낸 며칠 동안 적잖이 실망했네.

견문발검(見蚊拔劍): 모기를 보고 칼을 뺀다는 뜻으로, 사소한 일에 크게 성내어 덤빔을 이르는 말.
예 견문발검이라더니 이렇게 한심할 수가 있나!

5장. 부지런히 공부하기

家若貧이라도
가 약 빈

不可因貧而廢學이요 家若富라도
불 가 인 빈 이 폐 학   가 약 부

不可恃富而怠學이니라.
불 가 시 부 이 태 학

명심보감의 뜻을 살펴보아요

家	若	貧	不	可	因
집 가	만약 약	가난할 빈	아닐 불	옳을 가	인할 인

而	廢	學	富	恃	怠
말 이을 이	폐할 폐	배울 학	부유할 부	믿을 시	게으를 태

◐ 집이 만약 가난하더라도 가난함으로 인하여 배움을 그만두어서는 안 되고, 집이 만약 부유하더라도 부유함을 믿고 학문을 게을리해서는 안 되느니라.

不可因貧而廢學 이렇게 해석해요.

不可	因	貧	而	廢學
• ~해서는 안 된다	• 인연	• 가난	• ~하고	• 배움을 그만두다
	• 인하여		• ~하지만	

···▶ 가난으로 인하여 배움을 그만두어서는 안 된다.

태어나고 싶어서 태어난 사람은 없어요. 어느 순간 자신이 태어났음을 느낄 따름이지요. 부모님 또한 선택해서 태어날 수 없어요. 그러니 부잣집에서 태어날 것인지 가난한 집에서 태어날 것인지는 더더욱 말할 것도 없지요. 우리는 태어나면서부터 많은 것들이 결정되어 있어요. 신체 조건과 가정 환경 같은 것들 말이죠.

그렇다면 내 삶도 이미 결정이 된 건가요? 결코 그렇지 않아요. 내 삶은 내가 어떻게 하느냐에 따라 얼마든지 바뀔 수 있어요. 박지성 선수는 평발이라 모두들 운동선수가 될 수 없다고 했어요. 하지만 그 어려움을 딛고 당당히 세계적인 축구 선수가 되었어요. 그러니 이제 바꿀 수 없는 것을 계속 원망하면서 살지 말고, 박지성 선수처럼 자신의 미래를 바꾸기 위해 목표를 가지고 노력해 보는 건 어떨까요?

명심보감은 말하고 있어요. 집이 가난하다는 핑계로 배움을 그만두어서는 안 되고, 집이 잘산다고 그것을 믿고 배움을 게을리해서는 안 된다고 말이에요. 또 가난하지만 열심히 노력한다면 분명 성공할 수 있고, 부유하지만 부지런히 배운다면 이름을 더욱 빛낼 수 있다고도 했어요.

　그러니 노력하지 않으면 가난에서 벗어날 수 없고, 지혜롭지 않으면 물려받은
부유함을 지킬 수 없음을 기억해요.

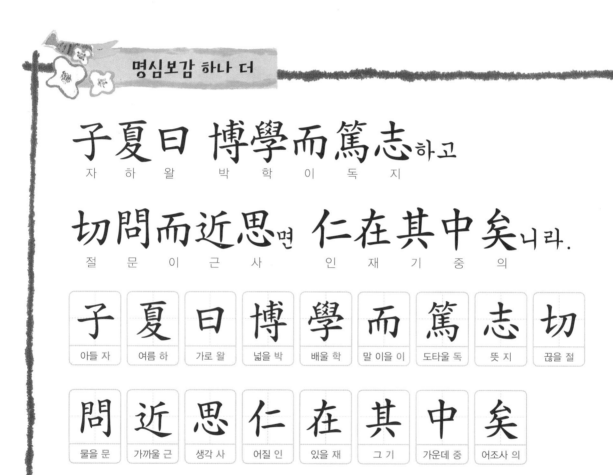

명심보감 하나 더

子夏曰 博學而篤志하고
자 하 왈 박 학 이 독 지

切問而近思면 仁在其中矣니라.
절 문 이 근 사 　 인 재 기 중 의

子	夏	曰	博	學	而	篤	志	切
아들 자	여름 하	가로 왈	넓을 박	배울 학	말 이을 이	도타울 독	뜻 지	끊을 절

問	近	思	仁	在	其	中	矣
물을 문	가까울 근	생각 사	어질 인	있을 재	그 기	가운데 중	어조사 의

➡ 자하가 말하였다. "배우기를 널리 하고 뜻을 돈독히 하며, 묻기를 간절히 하고
생각을 가까이 하면 어짊이 그 가운데에 있느니라."

공부할 때는 목표를 정한 다음 학습할 내용을 깊이 있게 공부해야 해요. 혹시 모르는 것이
나오면 알기 위해 물어보아야 하고, 의문이 풀렸을 때는 막혔던 부분을 곰곰이 되새기며
잊지 않으려고 노력해야 해요. 그런데 이 모든 것을 하기 위해서는 먼저 마음을 굳게 먹고
책상에 앉아 있어야겠지요?

어휘 깊이 생각하기

멧돼지처럼 달려요, 저돌(猪突)

앞뒤를 헤아리지 않고 돌진하거나 앞일을 생각하지 않고 무턱대고 행동할 때, '저돌적이다.'라고 해요. 저돌(猪突)을 풀이하면 '멧돼지처럼 돌진하다.'라는 뜻인데, 멧돼지의 특성에서 유래한 말이에요. 멧돼지는 시력이 좋지 않고 앞만 보고 돌진하는 습성이 있어요. 그래서 방향 전환이 잘되지 않는다고 해요.

'저돌'과 함께 알아 두면 좋은 단어로 맹목(盲目)이 있어요. 풀이하면 '눈이 멀어서 보지 못하는 눈'인데 이성을 잃어 분별이나 판단을 제대로 하지 못할 때 쓰는 말이에요.

만약 주변에 저돌적이고 맹목적인 사람이 있다면 조심해야 해요. 남을 배려하거나 주변 상황을 고려하지 않아 항상 위험이 뒤따르거든요.

🐷 돼지와 관련된 말

산돼지를 잡으려다가 집돼지까지 잃는다: 산돼지를 잡겠다고 욕심을 부리던 나머지 집돼지를 잘못 간수한 탓으로 잃어버리게 되었다는 뜻으로, 지나치게 욕심을 부리다가 이미 차지한 것까지 잃어버리게 됨.

예 너무 욕심 부리지 마세요. 산돼지를 잡으려다가 집돼지까지 잃는다는 말이 있잖아요.

일룡일저(一龍一猪): 하나는 용이 되고 하나는 돼지가 된다는 뜻으로, 배우고 안 배움에 따라 사람의 능력이 크게 달라짐.

예 일룡일저란 말이 생각나는군. 비슷한 재능을 가졌지만 공부한 저 친구만 성공했으니 말이야.

봄에 씨를 뿌리지 않으면 가을에 거둘 것이 없어요

幼而不學이면 老無所知요
유 이 불 학 　　노 무 소 지

春若不耕이면
춘 약 불 경

秋無所望이니라.
추 무 소 망

 명심보감의 뜻을 살펴보아요

幼	而	不	學	老	無	所
어릴 유	말 이을 이	아닐 불	배울 학	늙을 노	없을 무	바 소

知	春	若	耕	秋	望
알 지	봄 춘	만약 약	밭 갈 경	가을 추	바랄 망

◎ 어려서 배우지 않으면 늙어서 아는 것이 없고 봄에 만약 밭 갈지 않으면 가을에 바랄 것이 없다.

명심보감 속 한 문장

🐸 **秋無所望** 이렇게 해석해요.

秋	無	所	望
• 가을	• 없다	• ~ 것	• 바라다
	• 말라	• ~ 곳	

⋯▸ 가을에 바랄 것이 없다.

친한 친구가 수업도 듣지 않고 공부도 안 하면서 1등 하기를 바란다면 여러분은 어떤 충고를 해 줄 수 있을까요? 수업을 잘 듣고 공부를 열심히 해야 1등을 할 수 있다고 할 건가요? 아니면 우스갯소리로 전교생이 한 명인 학교에 전학을 가라고 할 건가요?

세상일은 주고받는 것의 연속이에요. 내가 무엇인가를 얻기 위해서는 머리를 쓰거나 몸을 쓰거나 아니면 둘 다를 해야 해요. "공짜로 얻는 경우도 있잖아요?"라고 말할 수도 있어요. 그런데 생각해 봐요. 공짜로 준 물건보다 훨씬 소중한 내 시간과 정보를 가져갔을 거예요. "선물로 받았어요."라고 말할 수도 있어요. 하지만 선물을 건넨 사람은 나에

게서 관심이나 사랑 또는 나중에 갚아야겠다고 생각하는 마음의 빚을 가져갔어요. 세상에 공짜란 없답니다.

명심보감은 말하고 있어요. 지금 공부하지 않으면 나중에 아는 것이 없고, 봄에 밭을 갈고 씨를 뿌리지 않으면 가을에 추수할 것이 없다고 말이에요. 여러분도 이제 얻고 싶은 게 생겼다면 그냥 쳐다보고만 있지 말고 어떻게 얻을 것인지 계획을 세우고 노력해 봐요.

명심보감 하나 더

少年易老學難成하니
소 년 이 로 학 난 성

一寸光陰不可輕이라.
일 촌 광 음 불 가 경

少	年	易	老	學	難	成
적을 소	해 년	쉬울 이	늙을 로	배울 학	어려울 난	이룰 성

一	寸	光	陰	不	可	輕
한 일	마디 촌	빛 광	그늘 음	아닐 불	옳을 가	가벼울 경

➡ 소년은 늙기 쉽고 학문은 이루기 어려우니, 한 치의 짧은 시간도 가벼이 여기지 말라.

하루는 더디 가지만 1년은 금방 가요. 참 이상한 일이에요. 1년이 훨씬 긴 시간인데 말이에요. 아마 1년처럼 긴 시간을 생각하고 있지 않다가, 문득 1년이 지나 있는 것을 보고 그런 느낌이 들었을 거예요. 시간은 배려심이 없어 기다려 주는 법이 없어요. 오늘 하루 즐겁게 배우고 열심히 공부하세요. 1년 후에 '그때 할걸.' 하며 후회하지 않기 위해서 말이죠.

누에처럼 먹어 치워요, 잠식(蠶食)

누에가 뽕잎을 먹듯이 야금야금 먹어 들어갈 때, 잠식(蠶食)이라는 말을 해요. 누에는 나방이 되기 위해 실을 토하고 고치를 짓는데, 그 즈음에 먹는 뽕잎의 양이 평생 먹는 양의 90퍼센트에 달한다고 해요. 잠식이라는 말은 누에가 먹는 뽕잎의 양이 처음에는 적어 보이지만 조금 지나면 어느새 뽕잎을 거의 먹어치운 데서 유래했어요. 참고로 누에고치에서 뽑은 실을 명주실이라고 하고, 이 실로 짠 옷감을 비단이라고 해요. 비단은 가볍고 빛깔이 우아하며 촉감이 부드러운데, 옛날에는 너무 비싸서 아무나 비단으로 옷을 지어 입지 못했다고 해요.

서울에는 '누에를 치는 방'이라는 뜻의 잠실(蠶室)이라는 지명이 있어요. 이 이름은 조선 시대, 백성들의 양잠(養蠶)을 장려하기 위해 뽕나무를 심고 잠실을 두었던 데서 유래했어요.

뽕나무와 관련된 말

임도 보고 뽕도 딴다: 뽕 따러 나가니 누에 먹이를 장만할 뿐만 아니라 사랑하는 애인도 만난다는 뜻으로, 두 가지 일을 동시에 이룸.

예 너도 보고 급한 일도 처리할 수 있다니. 임도 보고 뽕도 따고, 원도 보고 송사도 보고, 도랑 치고 가재 잡고.

상전벽해(桑田碧海): 뽕나무 밭이 변하여 푸른 바다가 된다는 뜻으로, 세상일의 변천이 심함.

예 이곳은 불과 몇 년 전에만 해도 논밭이었는데 이렇게 빌딩 숲이 되다니. 상전벽해가 따로 없네.

오늘 공부하지 않는 사람은 내일도 하지 않아요

朱子曰
주 자 왈

勿謂今日不學而有來日하며
물 위 금 일 불 학 이 유 내 일

勿謂今年不學而有來年하라.
물 위 금 년 불 학 이 유 내 년

명심보감의 뜻을 살펴보아요

朱	子	曰	勿	謂	今	日
붉을 주	아들 자	가로 왈	말 물	이를 위	이제 금	날 일

不	學	而	有	來	年
아닐 불	배울 학	말 이을 이	있을 유	올 내	해 년

➲ 주자가 말하였다. "오늘 배우지 아니하면서 내일이 있다고 말하지 말며, 올해에 배우지 않으면서 내년이 있다고 말하지 말라."

100

명심보감 속 한 문장

勿謂今日不學而有來日 이렇게 해석해요.

勿謂　今日　不學　而　有　來日

- 말하지 말라　• 오늘　• 배우지 않다　• ~하고　• 있다　• 내일
- ~하지만

⋯→ 오늘 배우지 않으면서 내일이 있다고 말하지 말라.

우리는 게임을 할 때, 엄마가 "공부는 언제 할 거냐?"고 물어보면 이렇게 대답하곤 해요.

"이따가 할게요."

시간이 꽤 흘렀는데도 공부를 안 하고 있어 혼이 나면 이번엔 이렇게 대답하지요.

"이번 판만 하고 공부할게요!"

게임을 하고 있는 우리의 솔직한 심정은 공부하고 싶지 않은 거예요. 시험이 코앞이라던가 누군가 억지로 시키지 않는 이상, 내 스스로 시작하고 싶지 않은 거지요.

이렇게 할 일을 미루고 공부하는 시늉만 하다 보면, 공부를 잘하는 척은 할 수 있을지 몰라도 공부를 진짜 잘할 수는 없어요.

명심보감은 말하고 있어요.

오늘 여러 가지 핑계를 대며 공부하지 않는 사람은 내일도 하지 않고, 올해 공부하지 않는 사람은 내년에도 하지 않는다고 말이에요. 해야 할 일이나 공부를 미루지 말고 그때그때 바로 하라는 뜻이에요.

"어차피 할 거면 지금 하고, 이왕에 할 거면 제대로 하라!"라는 말이 있어요. 꼭 해야 할 일이 있는데 너무 하기 싫을 때, 이 말을 떠올리면 바로 실행에 옮길 수 있을 거예요.

명심보감 하나 더

論語曰
논 어 왈

學如不及이요 惟恐失之니라.
학 여 불 급   유 공 실 지

論	語	曰	學	如	不
논할 논	말씀 어	가로 왈	배울 학	같을 여	아닐 불

及	惟	恐	失	之
미칠 급	오직 유	두려울 공	잃을 실	어조사 지

➡ 《논어》에서 말하였다. "배움은 미치지 못할 듯이(부족한 듯이) 하고 오히려 잃을까 두려워할지니라."

공부를 하다가 '이 정도면 됐겠지.'라고 생각하는 순간, 더 이상 발전은 없어요. 그 생각 이후에는 잊어버리는 일만 남았으니까요. 한 번 공부한 것을 영원히 기억하면 좋겠지만 우리의 기억이란 차츰차츰 흐릿해진답니다. 그러니 공부할 때는 배운 내용을 잊지 않고 오래 기억할 수 있도록 자신만의 방법을 찾아 노력해야 해요.

아주 짧은 시간, 경각(頃刻)

'목숨이 경각에 달려 있다.'라고 할 때의 경각(頃刻)은 아주 짧은 시간을 뜻해요. '눈 한 번 깜짝하고, 숨 한 번 쉴 사이'라는 뜻의 '순식간'과 '눈 한 번 잠깐 돌릴 만큼의 짧은 시간'이라는 '별안간'과 뜻이 통해요.

경각보다 더 짧은 시간이 있어요. 불교에서는 손가락을 한 번 튕길 정도의 시간을 탄지경(彈指頃)이라고 하는데, 이 탄지경의 10분의 1을 찰나(刹那)라고 해요. 약 0.013초 정도라고 하니 얼마나 짧은 시간인지 몰라요. 반대로 긴 시간을 표현하는 말로는 영원(永遠)이나 억겁(億劫)이 있어요. 1겁은 선녀가 100년에 한 번, 사방 40리나 되는 돌산에 내려와 옷이 스쳐 돌산이 닳아 없어질 때까지의 시간이라고 해요. 그렇다면 억겁은 1겁이 1억 번 있어야 하니, 아무리 상상하려 해도 끝을 짐작할 수 없는 시간이에요.

참고로 1각(刻)은 1시간의 4분의 1로 15분 정도예요. 촌각(寸刻)은 1각의 10분의 1로, 1분 30초 정도를 가리키지요.

시간과 관련된 말

마파람에 게 눈 감추듯: 음식을 매우 빨리 먹는 모습을 비유적으로 이르는 말.

예 마파람에 게 눈 감추듯 먹는 걸 보니, 배가 많이 고팠나 보네.

시시각각(時時刻刻): 각각의 시각.

예 외교부는 시시각각으로 변하는 국제 정세에 발 빠르게 대처해야 한다.

6장. 마음 살피기

중요한 건 실수를 되풀이하지 않는 거예요

克己는 以勤儉爲先하고
극 기 이 근 검 위 선

愛衆은 以謙和爲首하며
애 중 이 겸 화 위 수

常思已往之非하고
상 사 이 왕 지 비

每念未來之咎하리.
매 념 미 래 지 구

 명심보감의 뜻을 살펴보아요

克	己	以	勤	儉	爲	先	愛
이길 극	몸 기	써 이	부지런할 근	검소할 검	삼을 위	먼저 선	사랑 애

衆	謙	和	首	常	思	已	往
무리 중	겸손할 겸	화할 화	머리 수	항상 상	생각 사	이미 이	갈 왕

之	非	每	念	未	來	咎
어조사 지	그를 비	매양 매	생각 념	아닐 미	올 래	허물 구

106

◐ 자신을 극복하려거든 부지런함과 검소함을 우선으로 삼고, 사람을 사랑하려거든 겸손함과 온화함을 첫째로 삼으며, 항상 지나간 잘못을 생각하고, 매번 미래의 허물을 생각하라.

명심보감 속 한 문장

勤儉爲先 이렇게 해석해요.

勤	儉	爲	先
•부지런하다	•검소하다	•하다	•먼저
		•삼다	
		•위하여	

···▶ 부지런함과 검소함을 우선으로 삼다.

김연아 선수가 싱글 종목이 아닌 둘이 호흡을 맞춰 경기를 펼치는 페어 종목에 출전한다면 어떤 결과가 나올까요? 아마 싱글 종목에 참여했을 때보다 잘하기는 어려울 거예요. 누구나 새로 시작한 일을 처음부터 잘할 수는 없어요. 아무리 스케이트를 잘 타는 김연아 선수라도 말이죠.

사람 사이의 관계도 마찬가지예요. 나는 한 사람인데 나에게 맡겨진 역할은 참 많아요. 누군가의 아들, 딸, 동생, 친구, 제자 등과 같은 역할 말이에요. 그런데 이 역할 모두를 처음부터 잘할 수는 없어요. 누군가에게 상처 주고 상처받고 아물기를 반복하면서 조금씩 성

장하는 거지요.

명심보감은 말하고 있어요. 과거의 실수를 모른 척하지 않고 반성한 후, 똑같은 실수를 반복하지 않도록 노력해야 한다고 말이에요. 누구나 실수는 할 수 있지만 중요한 것은 실수한 다음이라는 뜻이죠. 반성하고 고치는 사람은 성장하지만 그렇지 않은 사람은 발전하지 못하니까요. 또 사람들을 사랑으로 따뜻하게 대하며 자기 혼자만을 위한 욕심을 멀리하기 위해서는 부지런하고 검소하게 생활해야 한다고 충고하고 있어요.

명심보감 하나 더

子曰 明鏡은 所以察形이요
자 왈 명 경   소 이 찰 형

往古는 所以知今이니라.
왕 고   소 이 지 금

子	日	明	鏡	所	以
아들 자	가로 왈	밝을 명	거울 경	바 소	써 이

察	形	往	古	知	今
살필 찰	모양 형	갈 왕	옛 고	알 지	이제 금

➡ 공자가 말하였다. "밝은 거울은 얼굴을 살피는 것이요, 지나간 일은 현재를 아는 것이니라."

미래를 알려거든 먼저 지나간 일을 살펴보라는 말이 있어요. 어떤 사람의 내일과 내년을 알고 싶으시다면 그 사람이 오늘 어떻게 사는지와 올 한 해를 어떻게 보내고 있는지를 살펴보세요. 과거는 미래의 거울이니까요.

목을 숙인다고 해서 '목례(目禮)'인가요?

흔히 허리를 숙여 인사하지 않고 간단하게 목만 숙여 하는 인사를 목례로 알고 있어요. 하지만 이것은 눈을 뜻하는 한자 '목(目)'을 한글 '목'으로 오해한 것에서 비롯됐어요. 목례(目禮)란 '눈 목'과 '예절 례'가 합쳐진 말로, 풀이하면 '눈짓으로 가볍게 하는 인사'라는 뜻이에요. 지역마다 사람들마다 조금씩 차이가 있지만, 윗어른에게 허리를 숙이고 큰 소리로 인사하면 실례되는 장소가 있어요. 그럴 때 우리는 가벼운 눈인사인 '목례'를 해요.

참고로 '눈 목'에는 많은 뜻이 있답니다. '주위나 관심'을 뜻하는 이목(耳目)에서는 '눈'으로, 두목(頭目)에서는 '우두머리'로, 주목(注目)에서는 '주시하다'로, 안목(眼目)에서는 '사물을 보고 분별하는 식견'으로, 조목(條目)에서는 '항목'으로 쓰인답니다.

눈과 관련된 말

눈 가리고 아웅: 얕은수로 남을 속이려 한다는 말.

예 그런 잔꾀로 속이려 들다니. 눈 가리고 아웅 하는 꼴이군.

이목구비(耳目口鼻): 귀·눈·입·코를 아울러 이르는 말. 또는 귀·눈·입·코를 중심으로 한 얼굴의 생김새.

예 저 가수는 잘생긴 데다 이목구비까지 뚜렷해서, 여럿이 함께 있어도 눈에 띄어.

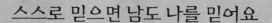
自信者는 人亦信之하여
자 신 자 　 인 역 신 지

吳越이 皆兄弟요 自疑者는
오 월 　 개 형 제 　 자 의 자

人亦疑之하여 身外에 皆敵國이니라.
인 역 의 지 　 신 외 　 개 적 국

 명심보감의 뜻을 살펴보아요

自	信	者	人	亦	之	吳	越
스스로 자	믿을 신	사람 자	사람 인	또 역	어조사 지	오나라 오	월나라 월

皆	兄	弟	疑	身	外	敵	國
모두 개	형 형	아우 제	의심할 의	몸 신	바깥 외	적 적	나라 국

▶ 스스로 믿는 자는 남 또한 그를 믿어서 오나라와 월나라 같은 적국 사이라도 모두 형제같이 될 수 있고, 스스로 의심하는 자는 남 또한 그를 의심하여 자신 이외에는 모두 적국이 되느니라.

☺ 自信者 이렇게 해석해요.

自	信	者
• 스스로	• 믿다	• ~하는 사람 • ~라는 것

⋯▸ 스스로 믿는 사람

사람들이 어떤 일에 실패할 때, 그 이유에 대해 생각해 보세요. 첫째, 실력이나 능력이 부족해 맡긴 일을 능숙하게 처리하지 못했어요. 둘째, 맡겨만 주면 뭐든 할 것 같았지만 말과 능력이 일치하지 않았어요. 셋째, 자신감이 부족해 자신의 능력을 십분 발휘하지 못했어요. 넷째, 게으르고 의지가 부족해 열심히 하려는 마음이 없었어요. 다섯째, 최선을 다했지만 주변 상황이 좋지 않았어요. 여러분은 이 중에서 어디에 가장 공감이 가나요?

명심보감은 말하고 있어요. '나는 잘할 수 있어.'라는 생각으로 노력하면 남들도 자신을 믿고 함께하지만, '내가 과연 이것을 할 수 있을까?'라고 의심하면 남들도 나를 믿지 못해 함께하지 않는다고 말이에요. 일을 성공하는 데 있어서 자신감이 중요하다는 뜻이에요. 그럼 자신감을 가질 수 있는 방법에는 무엇이 있을까요? 그것은 바로 실력을 갖추는 거예요.

그런데 자신감이 먼저인지 실력이 먼저인지는 '계란이 먼저냐, 닭이 먼저냐?'와 비슷해요. 실력이 있으려면 자신감이 있어야 하고, 자신감이 있으려면 실력이 있어야 하니 말이에요. 어쩌면 자신감까지 실력의 일부인지도 모르겠어요.

명심보감 하나 더

事雖小나 不作이면 不成이요
사 수 소   부 작   불 성

子雖賢이나 不敎면 不明이라.
자 수 현   불 교   불 명

事	雖	小	不	作
일 사	비록 수	작을 소	아닐 부(불)	지을 작

成	子	賢	敎	明
이룰 성	아들 자	어질 현	가르칠 교	밝을 명

➡ 일이 비록 작더라도 하지 않으면 이루지 못할 것이요, 아들이 비록 현명할지라도 가르치지 않으면 밝지 못할 것이라.

작은 일이라도 빈틈없이 처리하고, 어려워 보이는 큰일이라도 자신 있게 도전해 보세요.
"이 일은 너무 사소한 일이라 하지 않을 거야."
"이 일은 나에게 너무 커 도저히 못 할 거야."
이렇게만 생각하면 내가 할 수 있는 일의 폭이 줄어들어 결국 아무 일도 못 하게 되니까요.

어휘 깊이 생각하기

사이비(似而非)는 영어가 아니에요

많은 사람들은 '사이비'를 외국에서 유래한 말이라고 생각해요. 하지만 사이비(似而非)는 '겉으로는 비슷하지만 속은 완전히 다른 것'을 뜻하는 고사성어예요.

예를 들어 기자라면 당연히 개인이나 단체의 바람직한 행동은 기사화하여 장려하고, 좋지 못한 행동은 고발해 사회의 감시자 역할을 수행해야 해요. 그래야 나쁜 일을 저지르려던 사람도 보는 눈이 무서워 조심하거든요. 그런데 자신이 발견한 비리를 눈감아 주는 조건으로 뇌물을 받아 잇속만 챙기는 기자가 있다면 어떻게 되겠어요? 이런 기자를 흔히 '사이비 기자'라고 해요.

이처럼 사이비라는 말은 겉은 진짜와 구별하기 어렵지만 속은 완전히 다른 가짜를 나타내는 말로, 어떤 대상과 함께 많이 사용해요. '사이비 종교', '사이비 학자'처럼 말이에요.

가짜와 관련된 말

가짜가 병이라: 무엇이나 가짜라는 것은 차라리 없느니만 못함을 비유적으로 이르는 말.

예 그런 물건은 만들지 말았어야 했어. 가짜가 병이라는 말도 있잖아.

기연가미연가(其然-未然-): 그런지 그렇지 않은지 분명하지 않은 모양.

예 너 혹시 아니? '긴가민가'라는 말이 원래 기연가미연가(其然-未然-)에서 유래했는데, 풀이하면 '그러한가? 그렇지 아니한가?'라는 사실 말이야.

천 길 물속은 알아도 한 길 사람 속은 몰라요

水底魚天邊雁은
수 저 어 천 변 안

高可射兮低可釣니와
고 가 사 혜 저 가 조

惟有人心咫尺間에
유 유 인 심 지 척 간

咫尺人心不可料니라.
지 척 인 심 불 가 료

  명심보감의 뜻을 살펴보아요

水	底	魚	天	邊	雁	高
물 수	밑 저	물고기 어	하늘 천	가 변	기러기 안	높을 고

可	射	兮	低	釣	惟	有
가히 가	쏠 사	어조사 혜	낮을 저	낚시 조	오직 유	있을 유

人	心	咫	尺	間	不	料
사람 인	마음 심	길이 지	자 척	사이 간	아닐 불	헤아릴 료

◐ 물 밑의 물고기와 하늘가의 기러기는 높은 것은 가히 쏘아 잡을 수 있고 낮은 것은 낚을 수 있거니와 오직 사람의 마음은 지척 간에 있음에도 이 지척 간에 있는 마음을 헤아릴 수 없느니라.

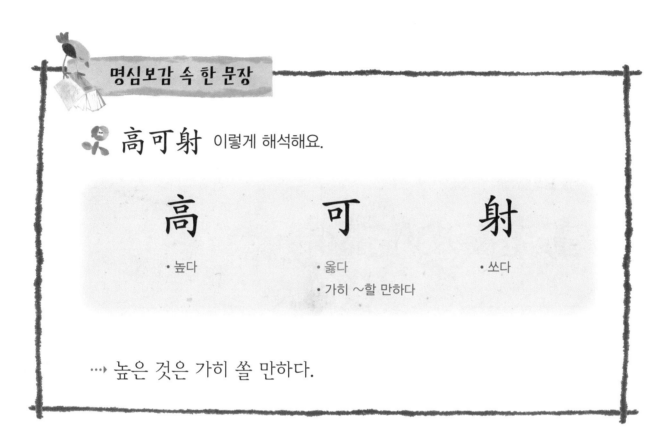

명심보감 속 한 문장

🐥 高可射 이렇게 해석해요.

高　　　可　　　射

· 높다　　　　· 옳다　　　　· 쏘다
　　　　　· 가히 ～할 만하다

···▶ 높은 것은 가히 쏠 만하다.

　어제까지만 해도 나를 좋아했던 친구가 오늘 싸늘하게 대하면 어떤 생각이 들까요? "어제까지 날 보며 웃었는데 어떻게 한순간에 저렇게 변하지?"라고 생각할 거예요. 그런데 그 친구는 어제까지 나를 좋아했다가 오늘 내가 싫어질 수도 있어요. 그게 사람의 마음이니까요.

　나도 마찬가지예요. 친구를 처음 만났을 때의 마음과 지금이 똑같나요? 아마 다를 거예요. 더 가까워져서 의지하는 친구가 생긴 반면에 서먹해져 멀어진 친구도 있을 거예요. 이렇게 가까워지거나 멀어지는 이유는 나나 상대방의 마음과 주변 상황이 달라졌기 때문이에요. 달라졌다는 말은 변했다는 말이에요. 변하지 않는 마음은 없어요. 다만 사람들이 변하지 않는다고 생각하는 거지요.

명심보감은 말하고 있어요. 깊은 물속 물고기도 잡을 수 있고, 하늘 높이 나는 기러기도 잡을 수 있다고요. 하지만 사람 마음은 아주 가까이 있어 쉽게 알고 쉽게 잡을 것 같지만 그렇지 않다고 말이에요.

하루에 열두 번도 바뀌는 것이 사람 마음이라잖아요? 그럼 변하는 마음은 나쁜 걸까요? 너무 자주 바뀌면 손가락질 받기도 하지만 바뀔 만한 충분한 이유가 있을 때는 누구도 쉽게 뭐라고 하지 못하죠. 살다 보면 본인들도 다른 사람 마음과 별반 다르지 않다는 것을 알게 되니까요.

명심보감 하나 더

畵虎畵皮難畵骨이요
화 호 화 피 난 화 골

知人知面不知心이니라.
지 인 지 면 부 지 심

畵	虎	皮	難	骨
그림 화	호랑이 호	가죽 피	어려울 난	뼈 골

知	人	面	不	心
알 지	사람 인	얼굴 면	아닐 부	마음 심

▶ 범을 그리되 가죽은 그릴 수 있으나 뼈는 그리기 어렵고, 사람을 알되 얼굴은 알지만 마음은 알지 못하느니라.

호랑이의 겉모습은 그릴 수 있지만 뼈를 그리긴 어려워요. 사람도 마찬가지로 얼굴을 알고 있다 해도 그 속마음까지 다 알 수는 없어요. 그 사람의 속을 알 수 없다는 것은 그 사람 앞에서 말과 행동을 조심해야 한다는 뜻이지요.

호떡은 중국 떡, 양말(洋襪)은 서양 버선

당나귀, 당면, 홍당무 하면 공통점이 무언지 금방 떠오르지 않지요? 그럼 호떡, 호두, 호박은요? 공통점은 당(唐)과 호(胡)가 들어 있다는 거예요. 그게 무슨 상관있느냐고요? 있지요. '당나라 당(唐)', '오랑캐 호(胡)'가 들어가면 중국에서 건너왔다는 뜻이거든요. 그래서 '호떡'은 '중국에서 건너온 떡'이라는 뜻이고, '오랑캐 호'와 '복숭아 도'가 합쳐진 호도(胡桃)에서 유래한 '호두'는 '중국에서 건너온 복숭아'라는 뜻이 되는 거지요.

만약 서양에서 건너왔다면 무슨 글자를 붙일까요? 바로 '바다 양(洋)'을 붙여요. 그래서 양말(洋襪)은 '서양에서 건너온 버선', '양송이'는 '서양에서 넘어온 송이버섯'이 되는 거예요. 이제 '양동이'와 '양파'는 설명 안 해도 알겠지요?

오랑캐와 관련된 말

벙어리 호적(胡狄)을 만나다: 가뜩이나 말이 통하지 않는 오랑캐를 벙어리가 만났다는 뜻으로, 입을 다물고 말을 하지 않는 경우.

예 벙어리 호적을 만났나? 왜 꿀 먹은 벙어리처럼 말을 안 해?

이이제이(以夷制夷): 오랑캐로 오랑캐를 무찌른다는 뜻으로, 한 세력을 이용하여 다른 세력을 제어함을 이르는 말.

예 '이이제이'라는 말이 있습니다. 직접 공격해서 피해를 입지 마시고, 옆 나라를 이용하십시오.

景行錄云 結怨於人을
경 행 록 운 결 원 어 인

謂之種禍요 捨善不爲를
위 지 종 화 사 선 불 위

謂之自賊이니라.
위 지 자 적

명심보감의 뜻을 살펴보아요

景	行	錄	云	結	怨	於	人	謂
볕 경	다닐 행	기록할 록	이를 운	맺을 결	원망할 원	어조사 어	사람 인	이를 위

之	種	禍	捨	善	不	爲	自	賊
어조사 지	씨 종	재앙 화	버릴 사	착할 선	아닐 불	할 위	스스로 자	도적 적

● 《경행록》에서 말하였다. "남과 원수 맺는 것은 재앙의 씨를 심는 것이라 이르고, 착한 것을 버리고 하지 않는 것은 스스로를 해치는 것이라 이르느니라."

🌺 **結怨於人** 이렇게 해석해요.

結	怨	於	人
· 맺다	· 원망하다	· ~에(서) · ~과	· 사람 · 남

⋯▸ 남과 원수를 맺다.

　　오랜만에 만났는데도 안 좋은 기억이 떠올라 얼굴을 마주하기 싫은 사람이 있어요. 안 좋았던 기억도 시간이 어느 정도 지나면 감당할 수 있는 추억이 되기 마련인데도 말이죠. 그만큼 그 사람이 나에게 준 상처가 컸다는 뜻이에요. 그 사람과는 앞으로도 얼굴을 마주하기도 싫고, 어떤 일도 함께 하고 싶지 않아요. 게다가 다른 사람이 그 사람의 됨됨이를 물어보면 안 좋았던 기억 때문에 결코 좋은 말을 하지 않을 거예요. 만약 당한 일이 너무 커 잊히지 않는다면 앙심을 품을 수도 있어요. 나중에 상황만 되면 받은 것 이상으로 되갚으려 하겠죠. 충분히 공감이 가는 이야기지요? 나중에 용서할 수도 있지만, 처음에 안 좋은 일을 당하면 누구나 이런 마음이 들어요.

　　명심보감은 말하고 있어요. 사람들과 원수를 맺지 말라고 말이죠. 사람의 마음에 심

어 놓은 재앙의 씨앗은 얼마만큼 자라 나에게 어떤 시련과 고통을 안겨 줄지 모르니까요. 또 이런 일이 없기 위해서는 좋은 일을 많이 하라고 권하고 있어요. 다른 사람들과 사회를 위해 좋은 일을 하다 보면 자연히 남과 원수지는 일에서 멀어질 테니 말이에요. 한 사람을 성공시키기는 지극히 어려운 일이지만 한 사람을 무너뜨리는 것은 그보다 훨씬 쉽답니다. 특히 원수지어 날이 설 대로 선 사람이 자신의 모든 것을 내던지고 덤벼들면 말이죠.

명심보감 하나 더

若聽一面說이면
약 청 일 면 설

便見相離別이니라.
변 견 상 이 별

若	聽	一	面	說
만약 약	들을 청	한 일	얼굴 면	말씀 설

便	見	相	離	別
곧 변	볼 견	서로 상	헤어질 이	나눌 별

◯ 만약 한편 말만 들으면 곧 서로 이별함을 볼 것이니라.

친한 두 사람 중 한쪽 말만 듣고 편을 들면 소외된 나머지 한쪽은 내가 원망스러울 거예요. 다른 사람은 뭐라고 해도 나만큼은 믿어줄 거라 생각하기 때문이에요. 이렇게 한 번 깨진 믿음은 원래대로 회복하기가 쉽지 않아요. 이제 기억해요. 둘의 말을 다 듣고 판단해도 늦지 않다는 것을요.

방심하게 해 놓고 갑자기 때리면, 저격(狙擊)

일정한 대상을 노려서 치거나 총을 쏠 때, 저격(狙擊)이라는 말을 해요. 이 말은 긴팔원숭이의 습성에서 유래했어요. 긴팔원숭이는 무심한 척 있다가 느닷없이 먹이를 낚아채 달아난답니다. 워낙 순식간에 일어난 일이고 방심하고 있던 터라 그냥 당하기 일쑤지요. 긴팔원숭이의 이런 습성 때문인지 '원숭이 저(狙)' 자에는 노리다, 엿보다, 속이다, 교활하다 등의 뜻이 있어요.

참고로 영어로 저격수라는 뜻의 스나이퍼(sniper)는 '빠르게 하늘을 나는 도요새(snipe)를 사냥할 만큼 뛰어난 명사수'라는 뜻이에요. 각국의 군대에서는 심리적으로 적군을 교란하기 위해 저격수를 두고 있어요.

원숭이와 관련된 말

원숭이도 나무에서 떨어진다: 아무리 익숙하고 잘하는 사람이라도 간혹 실수할 때가 있음.

예 원숭이도 나무에서 떨어진다더니, 자네가 이렇게 어이없는 실수를 할 줄 몰랐네.

단장(斷腸): 몹시 슬퍼서 창자가 끊어지는 듯함. 새끼 원숭이와 이별한 어미 원숭이의 창자가 끊어져 있었다는 고사에서 유래함.

예 이번 일로 자식과 이별한 단장의 어머니들께 뭐라고 위로의 말씀을 드려야 할지 모르겠습니다.

옳다 그르다 말하는 사람이 시비를 거는 사람이에요

是非終日有라도 不聽自然無니라.
시 비 종 일 유   불 청 자 연 무

來說是非者는
내 설 시 비 자

便是是非人이니라.
변 시 시 비 인

 명심보감의 뜻을 살펴보아요

是	非	終	日	有	不	聽	自
옳을 시	그를 비	마칠 종	날 일	있을 유	아닐 불	들을 청	스스로 자

然	無	來	說	者	便	人
그러할 연	없을 무	올 내	말씀 설	사람 자	곧 변	사람 인

◐ 시비가 종일토록 있을지라도 듣지 않으면 자연히 없어지느니라. 와서 시비를 말하는 자, 바로 이 사람이 시비하는 사람이니라.

是是非人 이렇게 해석해요.

是	是	非	人
• 옳다	• 옳다	• 그르다	• 사람
• 이것	• 이것	• 아니다	• 남

⋯▶ 이 사람이 시비하는 사람이다.

"남의 제사에 감 놔라 배 놔라 한다."는 속담이 있어요. 남의 일에 공연히 간섭하고 나설 때 쓰는 말이에요. 사람은 나설 때와 나서지 말아야 할 때가 있는데 이 친구들은 가리지 않아요. 아무 때나 나서고 말 만들기를 좋아해서 이 말을 저리 옮기고 저 말을 이리 옮겨, 친구 사이를 가끔 나쁘게 해요. 그럼 이러한 친구들을 어떻게 대해야 하나요?

명심보감은 말하고 있어요. 옳다 그르다 하는 말들은 시간이 지나면 자연히 사그라지기 마련이니, 조급한 마음에 감정적으로 상대하지 말라고 말이에요. 그때그때 얼굴을 붉히는 것보다 말을 끝까지 들어 보고 나서 그냥 흘려들을지, 아니면 내 생각을 전달해 더 이상 그와 같은 말을 못 하게 할지 생각해 봐요. 그때그때마다 안 좋은 마음에 감정적으로 상대하다 보면 싸움으로 번질 확률이 높거든요. 손뼉도 마주쳐야 소리가 나듯 싸움도 상대가 받아 주지 않으면 잘 일어나지 않아요. 이 친

구들은 내 기분을 그다지 신경 쓰지 않는 것 같으니, 일단은 내가 조심할 수밖에 요. 하지만 정도를 지나쳐 아니다 싶을 때는 자신의 의사를 분명하게 표시해야 해요. 혼자서가 힘들면 다른 사람의 도움을 받아서라도 말이죠. 아셨죠?

명심보감 하나 더

得寵思辱하고 居安慮危니라.
득 총 사 욕   거 안 려 위

榮輕辱淺이요 利重害深이니라.
영 경 욕 천   이 중 해 심

得	寵	思	辱	居	安	慮	危
얻을 득	사랑할 총	생각 사	욕될 욕	살 거	편안할 안	생각할 려	위태로울 위

榮	輕	淺	利	重	害	深
영화로울 영	가벼울 경	얕을 천	이로울 리	무거울 중	해로울 해	깊을 심

◐ 영화로움을 얻거든 욕됨을 생각하고, 편안함에 있거든 위태로움을 생각하라. 영화가 가벼우면 욕됨도 얕고, 이득이 크면 해로움도 깊으니라.

편안할 때일수록 위태로워질 수 있음을 생각하고, 모두가 나를 쳐다보고 우러러 볼수록 행동거지에 각별히 신경 써야 해요. 또한 큰 이익을 가져다줄수록 일이 잘못되었을 때 큰 피해를 받을 수 있으니, 시시각각 변하는 주변 상황에 따라 큰 피해를 감수하면서까지 어떤 일을 할 것인지, 하지 않을 것인지 신중하게 결정해야 해요.

이리저리 미루면, 유예(猶豫)

　상상의 동물이라고 하는 '유(猶)'와 '예(豫)'는 너무 의심이 많아 행동할 때 쉽게 결정을 내리지 못하고 이리 미루고 저리 미루다 시간만 허비해요. 그래서 이 두 동물을 합쳐 유예(猶豫)라는 말을 만들었어요. '유'는 원숭이의 일종이고, '예'는 코끼리의 일종이에요. 자전을 찾아보면 유(猶)와 예(豫)에 모두 '머뭇거리다.'는 의미가 들어 있는 것은 두 동물의 이런 특성에서 유래한 거예요.

　참고로 유예는 법률 용어로도 많이 써요. '집행 유예 1년'이라고 하면 법 집행을 1년 동안 미루어 주겠다는 뜻이에요. 만약 1년 동안 또 범죄를 저지르지 않으면 형을 집행하지 않겠다는 의미로 풀어 주는 거지요. 집행 유예는 주로 3년 이하의 징역이 선고된 범죄자에게 정상을 참작하여 일정한 시간 동안 형의 집행을 유예하는 일을 말해요.

유예와 관련된 말

주인 많은 나그네 밥 굶는다: 어떤 일에 관계된 사람이 많으면 서로 믿고 미루다가 결국 일을 그르치게 된다는 말.

예 주인 많은 나그네 밥 굶는다더니 서로 미루다 고양이 밥을 아무도 주지 않았어.

차일피일(此日彼日): 이 날 저 날 하고 자꾸 기한을 미루는 모양.

예 놀이공원에 가기로 해 놓고 차일피일 미루다 한 달 만에 약속을 지켰어.

능력이 있을수록 겸손해야 해요

福兮常自惜하고
복 혜 상 자 석

勢兮常自恭하라. 人生驕與侈는
세 혜 상 자 공 인 생 교 여 치

有始多無終이니라.
유 시 다 무 종

명심보감의 뜻을 살펴보아요

福	兮	常	自	惜	勢	恭	人	生
복 복	어조사 혜	항상 상	스스로 자	아낄 석	기세 세	공손할 공	사람 인	날 생

驕	與	侈	有	始	多	無	終
교만할 교	더불 여	사치할 치	있을 유	처음 시	많을 다	없을 무	끝 종

● 복이 있거든 항상 스스로 아끼고 권세가 있거든 항상 스스로 공손하라. 인생의 교만과 더불어 사치는 처음은 있으나 끝이 없는 경우가 많으니라.

126

驕與侈 이렇게 해석해요.

驕	與	侈
• 교만하다	• 주다 • ~더불어, 함께 • 참여하다	• 사치하다

⋯▶ 교만과 사치

선생님이 잠깐 자리를 비우시며, 떠든 아이의 이름을 칠판에 적으라고 한 친구에게 부탁했어요. 선생님의 의도는 '금방 다녀올 테니 옆 반 수업하는 데 피해가 가지 않도록 해 줘.'였을 거예요. 그런데 이 친구가 마치 선생님이라도 된 것처럼 평소 마음에 들지 않았던 친구들을 함부로 대하고 제멋대로 행동했다고 생각해 봐요. 나중에 선생님이 오시면 도리어 반 친구들이 그 친구의 행동을 낱낱이 이를 거예요.

이렇듯 나에게 어떤 힘이 생겼다고 해서 그것을 함부로 사용해서는 안 돼요. 재능도 마찬가지예요. 촉망받는 강속구 투수가 몸을 생각하지 않고 강속구만 던져 어깨를 다쳤다면 여러분은 어떤 생각이 드나요? 내가 가졌다고 함부로 쓰다가는 그 재능과 힘이 나를 망칠 수도 있어요.

명심보감은 말하고 있어요. 내가

가진 것이라고 해서 함부로 쓰지 말고, 힘이 있다고 해서 다른 사람을 업신여겨서는 안 된다고 말이에요. 나에게 능력과 재능이 있을수록 공손한 태도로 남을 대해야 한다고도 충고하고 있어요. 돈이 많거나 능력이 있으면 남들에게 자랑하고 싶고 마음껏 쓰고 싶은 게 사람 마음이에요. 옛말에도 돈이 많거나 재능이 뛰어난 사람은 교만하고 사치하기 쉬워 몸과 마음이 망가지기 전까지는 멈추지 않는다고 했거든요.

명심보감 하나 더

有福莫享盡하라. 福盡身貧窮이라.
유 복 막 향 진   복 진 신 빈 궁

有勢莫使盡하라. 勢盡冤相逢이라.
유 세 막 사 진   세 진 원 상 봉

有	福	莫	享	盡	身	貧
있을 유	복 복	말 막	누릴 향	다할 진	몸 신	가난할 빈

窮	勢	使	冤	相	逢
궁할 궁	기세 세	부릴 사	원통할 원	서로 상	만날 봉

◑ 복이 있어도 누리기를 다하지 말라. 복이 다하면 몸이 빈궁해질 것이니라. 권세가 있어도 부리기를 다하지 말라. 권세가 다하면 원수와 서로 만나느니라.

하늘이 복을 준 것은 잘 나누어 쓰라고 준 것이지, 혼자서 다 누리라고 준 것이 아니에요. 복은 나누면 다시 오지만 혼자서 누리면 점점 사라져 몸과 마음이 궁핍해져요. 힘이 있을 때도 마찬가지예요. 가진 힘을 좋은 곳에 잘 나누어 쓰라고 준 것이지, 혼자 누리라고 준 것이 아니에요. 혼자 그 힘을 누리다 보면 나중에 힘이 다해 주변에 원수만 남아요.

과녁의 한가운데, 정곡(正鵠)

과녁의 한가운데나 가장 중요한 핵심을 정곡(正鵠)이라고 해요. '바를 정'에 '고니 곡'
이 합쳐진 이 말이 왜 과녁의 정중앙을 나타낼까요?

'정'과 '곡'은 모두 새 이름이에요. 옛날 중국의 제나라와 노나라에서는 '제견'이라는
새를 정(正)이라고 했어요. 이 새는 빠르고 영리해 활을 쏘아 맞추기 어려웠어요. '고니
(백조)'를 가리키는 곡(鵠)도 하늘 높이 날아 화살로 떨어뜨리기 어렵지요. 그래서 맞추
기 힘든 과녁의 정중앙을 이 두 새의 이름을 빌어 표현한 거예요. '정곡을 찌르다.'라는
표현이 '핵심을 찔렀다.'는 의미가 된 것도 여기서 유래했어요.

참고로 예상이 꼭 들어맞거나 화살이 목표물에 맞았을 때, 적중(的中)이라는 말을 써
요. 그런데 여기서 중(中)은 '가운데'라는 의미가 아니라 '맞다.'라는 뜻이랍니다.

핵심과 관련된 말

남의 다리 긁는다: ① 자기가 해야 할 일을 모른 채 엉뚱하게 다른 일을 함. ② 기껏
한 일이 결국 남 좋은 일이 됨.

예 정작 지금 무엇이 중요하고 무엇을 해야 할지 몰라 남의 다리나 긁고 있으니, 안타까운
노릇이야.

정문일침(頂門一鍼): 정수리에 침을 놓는다는 뜻으로, 따끔한 충고나 교훈.

예 너무 게으르다는 그녀의 한마디는 나에게 정문일침이었다.

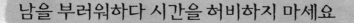
남을 부러워하다 시간을 허비하지 마세요

子曰
자 왈

士志於道而恥惡衣惡食者는
사 지 어 도 이 치 악 의 악 식 자

未足與議也니라.
미 족 여 의 야

명심보감의 뜻을 살펴보아요

子	曰	士	志	於	道	而	恥	惡
아들 자	가로 왈	선비 사	뜻 지	어조사 어	도리 도	말 이을 이	부끄러울 치	악할 악

衣	食	者	未	足	與	議	也
옷 의	먹을 식	사람 자	아닐 미	족할 족	더불 여	의논할 의	어조사 야

○ 공자가 말하였다. "선비가 도에 뜻을 두면서 나쁜 옷과 나쁜 음식을 부끄러워하는 자는 함께 의논하기에 부족하느니라."

士志於道 이렇게 해석해요.

士	志	於	道
• 선비	• 뜻	• ~에(서) • ~과	• 길 • 도, 진리 • 말하다

···▶ 선비가 도에 뜻을 두다.

모두들 돈을 많이 벌고 싶어 해요. 또 좋은 옷과 좋은 음식, 좋은 차와 좋은 집을 갖고 싶어하지요. 이걸 보면 우리 마음속에 자신과 가족이 경제적으로 풍요로운 삶을 살았으면 하는 바람이 있다는 것을 알 수 있어요.

그럼 자신이 어느 정도 사는지는 어떻게 알 수 있을까요? 그것은 남과 자신을 비교해 봐야 알 수 있어요. 그래서인지 친구가 좋은 가방에 좋은 옷을 걸치고 오면 자신이 상대적으로 초라해 보여 속으로 질투하고 화가 나죠. 무의식적으로 자신을 누군가와 끊임없이 비교하고 있는 셈이에요. 하지만 곰곰이 생각해 보세요. 친구가 입은 좋은 옷과 가방이 없다고 내가 진짜 그 친구보다 못난 건지 말이에요. 결코 아니랍니다.

명심보감은 말하고 있어요. 어떤 사람이 나쁜 옷과 나쁜 음식을 부끄러워한다면 큰일을 함께할 만한 사람이 못된다고 말이에요. 대개 이런 사람은 겉모습만으로 사람을 평가하고 그 사람됨을 잘 살피지 않는 경우가 많아요. 예를 들어 학년 대표가 친한 친구의 말만 듣고 경기에서 잘할 것 같아 보이는 친구만 뽑아 학년 대표단을 구성했다면 어떻게 될까요? 선발전을 치르며 실력을 확인해 보지도 않고 말이에요. 아마 경기에서 좋은 결과를 얻기 힘들 거예요. 그러니 이런 사람과 어떻게 더 큰일을 함께 할 수 있겠어요?

사람이 가진 것에는 눈에 보이는 것과 눈에 보이지 않는 것이 있어요. 눈에 보이지 않는 지혜로움이나 따뜻한 마음이 눈에 보이는 좋은 옷이나 가방보다 중요해요. 겉모습은 물론 중요해요. 하지만 그 사람이 어떤 사람인지가 훨씬 중요하답니다.

명심보감 하나 더

貧居鬧市無相識이요
빈 거 뇨 시 무 상 식

富住深山有遠親이니라.
부 주 심 산 유 원 친

貧	居	鬧	市	無	相	識
가난할 빈	살 거	시끄러울 뇨	시장 시	없을 무	서로 상	알 식

富	住	深	山	有	遠	親
부유할 부	살 주	깊을 심	뫼 산	있을 유	멀 원	친할 친

 가난하면 시끄러운 시장에 살아도 서로 아는 이가 없고, 부유하면 깊은 산속에 살아도 먼 데서 찾아오는 친구가 있느니라.

내가 가진 것이 있으면 나를 찾는 사람이 있지만 내가 가진 것이 없으면 나를 찾는 사람이 없어요. 내가 가질 수 있는 것이 돈일 수도 있지만 남이 갖지 않은 어떤 능력일 수도 있어요. 삼고초려(三顧草廬)라고 들어 보셨나요? 난양 땅에 은거하고 살던 제갈공명을 얻기 위해 유비는 세 번이나 그의 초가집을 찾았어요. 제갈공명에게 뛰어난 능력이 있었기 때문에 가능한 일이었겠지요?

어휘 깊이 생각하기

일을 망쳐 산통(算筒)이 깨졌어

거의 성공하기 직전까지 잘되어 가던 일을 누군가 이루지 못하게 뒤틀어 버리면 '산통을 깨다.'라고 표현해요. 산통(算筒)은 '맹인(盲人)이나 점쟁이가 점을 칠 때 쓰는 산가지를 넣어 두는 통'을 말해요. 옛날에는 점쟁이가 산가지를 산통에 담고 흔들어 섞은 다음 그걸 뽑아 점을 쳤어요. 산가지는 네모 기둥 모양으로, 여섯 개의 나무로 되어 있고 산가지마다 음양이나 숫자가 새겨져 있었어요. 점쟁이는 그 표시를 만지거나 보고 점을 쳤어요. 그런데 산가지를 섞어 흔들 산통(算筒)이 깨져 버리면 어떤 일이 발생할까요? 점을 칠 수가 없겠죠? 점쟁이가 점을 치지 못한다는 것은 야구 선수가 손을 크게 다쳐 공을 던질 수 없는 것과 같은 셈이니 얼마나 낭패겠어요?

참고로 예전에는 산가지를 숫자를 셈하는 데도 썼어요. 일과 백 단위는 산가지를 세로로 놓고, 십과 천 단위는 가로로 놓아 숫자를 표현했어요.

🔖 '일을 망침'과 관련된 말

다 된 죽에 코 풀기: ① 거의 다 된 일을 망쳐버리는 주책없는 행동. ② 남의 다 된 일을 악랄한 방법으로 방해하는 것.

예 다 된 죽에 코 푸는 것도 아니고, 이번 일은 너무한 처사네.

만사휴의(萬事休矣): 모든 것이 헛수고로 돌아감.

예 적국에서 이 일을 알게 되면 만사휴의니 각별히 조심하세요.

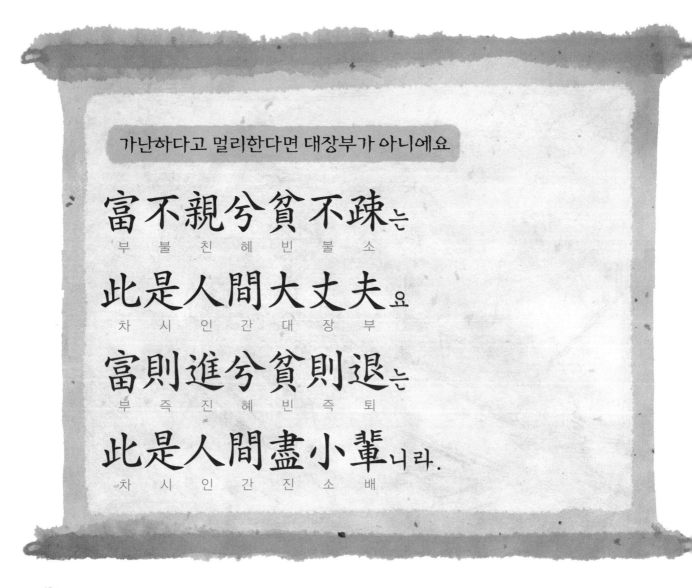

富不親兮貧不疎는
부 불 친 혜 빈 불 소

此是人間大丈夫요
차 시 인 간 대 장 부

富則進兮貧則退는
부 즉 진 혜 빈 즉 퇴

此是人間盡小輩니라.
차 시 인 간 진 소 배

 명심보감의 뜻을 살펴보아요

富	不	親	兮	貧	疎	此	是	人	間
부유할 부	아닐 불	친할 친	어조사 혜	가난할 빈	성길 소	이 차	이 시	사람 인	사이 간

大	丈	夫	則	進	退	盡	小	輩
큰 대	어른 장	사내 부	곧 즉	나아갈 진	물러날 퇴	다할 진	작을 소	무리 배

● 부유하다고 친하지 않으며 가난하다고 멀리하지 않음은 이것이 바로 사람 중 대장
부요, 부유하면 나아가고 가난하면 물러감은 이것이 바로 사람 중 진짜 소인배니라.

🌸 富則進 이렇게 해석해요.

富	則	進
• 부유하다	• 곧 • 법칙	• 나아가다

⋯▶ 부유하면 나아가다.

고급 전자 기기나 스마트폰을 최신형으로 자주 바꾸는 친구를 보고 부러운 적이 있나요? 또 TV에 나오는 연예인들을 보고 나도 저렇게 되고 싶다는 생각을 한 적이 있나요? 이렇게 내가 갖고 싶은 것을 가진 사람에 대한 부러움을 선망(羨望)이라고 해요. 부러운 대상이 나타나면 누구에게나 생기는 마음이에요. 그런데 이러한 대상이 생긴 후 사람들의 반응은 너무나 달라요. 그 사람을 닮고 그 사람처럼 되기 위해 노력하는 친구가 있는 반면에, 무조건 열광하거나 이유 없이 질투하고 깎아내리기도 해요. 또 못 본 척 무시하거나 자신과 끊임없이 비교하며, 현실을 비관하고 자포자기하는 사람도 있어요. 여러분은 이 중 어떤 사람인가요?

명심보감은 말하고 있어요. 부자라고 친하게 지내고, 가난하다고 멀리하는 사람은 소인배라고 말이에요. 이

말은 부자라는 이유로 멀리하라는 뜻이 아니에요. 부자든 가난한 사람이든 그 사람됨에 배울 점이 있다면 가깝게 지내지만 그렇지 않을 때는 멀리해야 한다는 뜻이에요. 친구로 사람을 사귀어야지 친구로 돈을 사귀지 말라는 뜻이에요.

명심보감 하나 더

天不生無祿之人하고
천 불 생 무 록 지 인

地不長無名之草니라.
지 부 장 무 명 지 초

天	不	生	無	祿	之
하늘 천	아닐 불	날 생	없을 무	복 록	어조사 지

人	地	長	名	草
사람 인	땅 지	길 장	이름 명	풀 초

➡ 하늘은 녹 없는 사람을 내지 않고, 땅은 이름 없는 풀을 기르지 않느니라.

하늘은 사람을 세상에 내보낼 때 먹고살 재주 하나씩은 주고, 땅은 풀 하나하나 이름 지어 소중하게 키운다고 해요. 길가에 피어 있는 꽃도 우리가 모르는 것뿐이지 다 이름이 있어요. 사람도 마찬가지로 모두가 재주와 이름이 있는 소중한 존재예요. 재주를 이미 발견한 사람도 있고 나중에 발견하는 사람도 있으니 조급하게 생각하지 말아요. 큰 그릇을 만드는 데는 시간이 오래 걸리는 법이니까요.

북을 치고 춤을 춰요, 고무(鼓舞)

북을 치고 춤을 추거나 힘을 내도록 격려하여 용기를 북돋을 때 고무(鼓舞)라는 말을 해요. 만약 '고무되었다.'라고 하면 '다른 사람으로부터 격려를 받아 힘이 났다.'는 뜻이 되는 거지요. 고무줄의 '고무'와 다르답니다. 비슷한 말로는 북과 피리 또는 나팔을 불어 힘을 내도록 한다는 고취(鼓吹)가 있어요. 독려(督勵)라는 말도 쓰지요.

많은 응원을 받는 팀은 사기가 높아져 경기력이 좋아진다고 해요. 홈 경기가 원정 경기보다 유리한 것도 이 때문이지요. 마찬가지로 사랑하는 사람에게서 위로를 받으면 어떤 좋은 약을 먹는 것보다 효과가 좋아요. 그런데 기억할 것이 있어요. 모든 것이 지나치면 화가 되듯이 지나친 격려로 부담을 줘 긴장하게 되면 도리어 경기력이 떨어질 수 있다는 사실 말이에요.

악기와 관련된 말

북 치고 장구 치다: 혼자서 이 일 저 일 다하다.

예 오늘은 골키퍼가 북 치고 장구 치고 다 한 경기다. 골을 잘 막고 결승골도 넣었으니 말이다.

교주고슬(膠柱鼓瑟): 아교풀로 비파나 거문고의 기러기발을 붙여 놓으면 음조를 바꿀 수 없다는 뜻으로, 고지식하여 조금도 융통성이 없음.

예 저렇게 융통성이 없어서야! 교주고슬이라는 말이 딱 어울리는군.

맛있다고 많이 먹으면 탈이 나요

爽口物多能作疾이요
상 구 물 다 능 작 질

快心事過必有殃이라.
쾌 심 사 과 필 유 앙

與其病後能服藥은
여 기 병 후 능 복 약

不若病前能自防이라.
불 약 병 전 능 자 방

  명심보감의 뜻을 살펴보아요

爽	口	物	多	能	作	疾	快	心
시원할 상	입 구	물건 물	많을 다	능할 능	지을 작	병 질	상쾌할 쾌	마음 심

事	過	必	有	殃	與	其	病	後
일 사	지나칠 과	반드시 필	있을 유	재앙 앙	줄 여	그 기	병 병	뒤 후

服	藥	不	若	前	自	防
옷 복	약 약	아닐 불	같을 약	앞 전	스스로 자	막을 방

◗ 입에 시원한 물건이 많으면 병을 일으키고, 마음에 상쾌한 일이 지나치면 반드시 재앙이 있느니라. 병이 난 후에 약을 먹는 것은 병이 나기 전에 스스로 예방하는 것만 못하느니라.

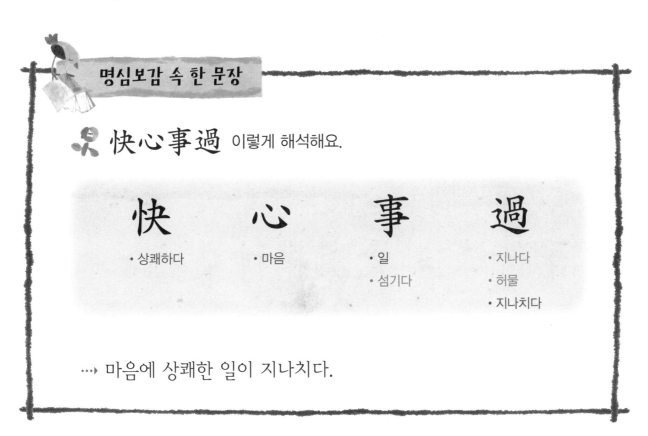

명심보감 속 한 문장

快心事過 이렇게 해석해요.

快
· 상쾌하다

心
· 마음

事
· 일
· 섬기다

過
· 지나다
· 허물
· 지나치다

⋯› 마음에 상쾌한 일이 지나치다.

차가운 아이스크림을 많이 먹으면 배탈이 나기 쉬워요. 마찬가지로 스마트폰 게임에 빠져 있다 보면 다른 일이 손에 잡히질 않아요. 게임 생각만 계속 나니까요. 스스로 중독까지는 아니라고 생각하지만 하루 종일 게임 생각에 스마트폰만 붙잡고 있다면 증세가 심각한 건 사실이에요. 이렇게 입맛을 자극하고 중독되기 쉬운 놀이 중에는 몸과 정신 건강에 해로운 것들이 많아요. 혹시 '꿀단지에 빠져 죽은 파리 이야기'를 들어 보았나요? 처음 맛본 꿀맛을 잊지 못하고 꿀단지 곁을 떠나지 못하다가, 결국 꿀단지에 빠져 죽은 파리 이야기 말이에요.

명심보감은 말하고 있어요. 자극적인 음식을 많이 먹거나 재미있다고 지나치게 하다 보면 몸이 병들고 정상적인 생활을 하기 어렵다고 말이에요. 또 아프고 난 후에 후회하면서 좋은 병원을 찾고 좋은 약을 쓰는 것보다는 병이 나기 전에 미리 조심하고 예방해야 한다고 충고하고 있어요.

사람에 따라 다소 차이는 있지만 아이스크림 하나 먹었다고 많이 아프지는 않아요. 재미있고 신 나는 게임 한 번 했다고 내 생활이 쉽게 무너지지는 않아요. 조심해야 할 것은 꿀을 맛 본 파리처럼 계속 먹고 헤어 나오지 못하면 꿀단지에 빠진 파리와 같아진다는 거죠. 그래서일까요? 많은 사람들은 중독성이 심해 빠져나오기 힘든 일을 애초부터 멀리하려고 노력해요.

명심보감 하나 더

景行錄日 食淡精神爽이요
경 행 록 왈 식 담 정 신 상

心清夢寐安이니라.
심 청 몽 매 안

景	行	錄	日	食	淡	精
볕 경	다닐 행	기록할 록	가로 왈	먹을 식	묽을 담	자세할 정

神	爽	心	清	夢	寐	安
귀신 신	시원할 상	마음 심	맑을 청	꿈 몽	잠잘 매	편안할 안

● 《경행록》에서 말하였다. "음식이 담박하면 정신이 상쾌하고, 마음이 맑으면 꿈과 잠이 편안하느니라."

먹는 음식과 건강은 아주 밀접한 관계가 있어요. 패스트푸드를 삼가고 맵고 짜게 먹지 않아야 건강하다고 해요. 그럼 참 맛이 없는데 말이에요. 그런데 이렇게 담백하게 먹다 보면 자극적인 양념 맛이 아닌 음식 고유의 맛을 느낄 수 있어요. 잃는 맛이 있으면 얻는 맛이 있거든요.

쓴잔과 마른 잔, 고배(苦杯)와 건배(乾杯)

쓴 술이 든 잔이나 쓰라린 경험을 비유적으로 표현할 때 '고배(苦杯)를 마셨다.'고 해요. 예를 들면 '브라질 축구 대표팀은 우승의 문턱에서 고배를 마셨다.'라고 쓸 수 있지요. 이렇게 '술잔'이라는 뜻의 '배(杯)'와 관련된 어휘가 많아요.

서로 잔을 들어 축하하거나 건강과 행운을 빌 때는 건배(乾杯)를, 술잔을 차례대로 돌릴 때는 순배(巡杯)를, 축하하는 뜻으로 마실 때는 축배(祝杯)를, 신성한 술잔일 때는 성배(聖杯)를, 독이 든 술잔일 때는 독배(毒杯)라는 말을 쓰지요. 또 사람들에게 메시지를 주는 술잔도 있어요. '가득 차는 것을 경계하는 술잔'이라는 뜻의 계영배(戒盈杯)예요. 이 술잔은 한도 이상의 술을 따르면 술잔 옆에 난 구멍으로 술이 새도록 만들어 과하게 마시는 것을 경계했어요.

잔과 관련된 말

술은 어른 앞에서 배워야 점잖게 배운다: 술은 윗사람과 함께 마시기 시작해야 나쁜 술버릇이 생기지 않는다는 말.

예 성인이 되었으니 이리 와서 한잔 받게나. 술은 어른 앞에서 배워야 점잖게 배운다고 하지 않던가?

복배지수(覆杯之水): 엎지른 물이라는 뜻으로, 다시 수습하기 곤란한 상황.

예 복배지수란 말을 아는가? 이미 엎질러진 물이라는 뜻이지. 다시 주워 담을 수 없네.

生事事生을 君莫怨하고
생 사 사 생 군 막 원

害人人害를 汝休嗔하라.
해 인 인 해 여 휴 진

天地自然皆有報하니
천 지 자 연 개 유 보

遠在兒孫近在身이니라.
원 재 아 손 근 재 신

 명심보감의 뜻을 살펴보아요

生	事	君	莫	怨	害	人	汝
날 생	일 사	그대 군	말 막	원망할 원	해칠 해	사람 인	너 여

休	嗔	天	地	自	然	皆	有
말 휴	성낼 진	하늘 천	땅 지	스스로 자	그러할 연	모두 개	있을 유

報	遠	在	兒	孫	近	身
갚을 보	멀 원	있을 재	아이 아	손자 손	가까울 근	몸 신

◑ 일을 만들면 일이 생기는 것을 그대는 원망하지 말고, 남을 해치면 남이 해치는 것을 너는 꾸짖지 말라. 천지는 자연히 모두 갚음이 있나니 멀면 자손에게 있고 가까우면 자기 몸에 있느니라.

명심보감 속 한 문장

🌼 **生事事生** 이렇게 해석해요.

生	事	事	生
• 생기다	• 일	• 일	• 생기다
• 살다	• 섬기다	• 섬기다	• 살다
• 만들다			• 만들다

⋯▸ 일을 만들면 일이 생기다.

책을 빌려 가서는, 실수로 찢은 친구가 있어요. 돌려주면서 책이 낡아 잘 찢어진다는 변명만 늘어놓고 사과를 하지 않았다고 생각해 봐요. 참 얄밉지요? 우리는 이런 사람을 그리 좋아하지 않아요. 누군가에게 잘못을 하면 사과하고, 책임지려고 노력해야 한다는 것을 알기 때문이에요. 만약 저지른 잘못이 크다면 원망과 비난까지도 감수해야겠지요. 그런데 얌체처럼 자신이 저지른 잘못의 책임을 다른 사람에게 떠넘기고 비난까지 피하려고 한다면 밉상일 수밖에요.

명심보감은 말하고 있어요. 누군가에게 잘못을 했다면 그 사람이 나를 원망하는 것을 탓하지 말고, 누군가를 아프게 했다면 그 사람이 나를 아프게 한다고 성내서는 안 된다고 말이에요. '방귀 뀐 놈이 성낸다.'는 뜻의 적반하장(賊反荷杖)처럼 잘못은 자기가 하고 도리어 상대에게 화를 내서는 안 된다는 뜻이에요.

세상일은 '뿌린 대로 거둔다.'는 말처럼 주고받는 갚음이 있어요. 나 때문에 시작된 일이라면 그 일을 해결하려는 나의 노력이 무엇보다 필요하답니다.

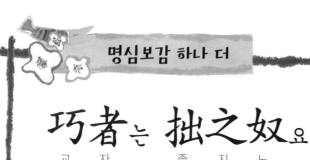

명심보감 하나 더

巧者는 拙之奴요
교 자 졸 지 노

苦者는 樂之母니라.
고 자 낙 지 모

巧	者	拙	之	奴	苦	樂	母
기교 교	사람 자	졸렬할 졸	어조사 지	종 노	쓸 고	즐거울 낙	어미 모

➡ 재주라는 것은 재주 없는 것의 종이요, 괴로움은 즐거움의 어머니니라.

주말이 오면 정말 꿀맛 같고 시간이 어떻게 지나가는지 몰라요. 긴 방학에서는 느낄 수 없는 달콤함이 주말에는 있어요. 아마 월요일부터 금요일까지 바쁘게 살았던 생활이 있었기 때문일 거예요. 만약 힘든 일이 찾아오면 생각하세요. 나중에 올 달콤한 휴식과 좋은 결과가 나를 기다리고 있다고 말이에요.

마음을 점검해요, 점심(點心)

참선을 통해 깨달음을 얻으려는 선가(禪家)에서는 배고플 때에 조금 먹는 음식을 점심(點心)이라고 했어요. 마음을 점검한다는 뜻이에요. 우리가 말하는 아침과 저녁 사이에 먹는 끼니와는 뜻이 조금 달라요. 중국에서도 점심의 뜻은 우리와 다르답니다. 중국어에서 점심은 간식(間食), 가벼운 식사, 과자류를 뜻하거든요. 같은 한자인데도 이렇게 차이가 나는 걸 보면 조금 신기해요.

건강하기 위해서는 아침은 꼭 챙겨 먹고, 점심은 든든하게 먹고, 저녁은 늦은 시간에 과식하지 말라고 말해요. 또 음식을 천천히 꼭꼭 씹어 위에 부담을 주지 말라고 권하고 있어요. 건강은 아무리 강조해도 지나치지 않아요. 규칙적이고 바람직한 식사 습관을 가지도록 노력해요.

밥과 관련된 말

가까운 데를 가도 점심밥을 싸 가지고 가거라: 십 리밖에 안 되는 가까운 데를 가더라도 점심밥을 싸 가지고 다닌다는 뜻으로, 무슨 일에나 준비를 든든히 할 것을 비유적으로 이르는 말.

예 가까운 데를 가도 점심밥을 싸 가지고 가라는 말이 있단다. 다시 한 번 챙길 물건 잘 챙기고 준비를 단단히 하려무나.

아침밥: 조식(朝食), 조식(早食).

점심밥: 중식(中食), *오찬(午餐): 손님을 초대하여 함께 먹는 점심 식사.

저녁밥: 석식(夕食).

예 축제 참가자들에게는 중식이 제공되었다.

하늘을 원망하지 말아요

扶人_에 未必上靑霄_요
부 인　　　미 필 상 청 소

推人_에 未必塡溝壑_{이라.}
추 인　　　미 필 전 구 학

勸君凡事_를 莫怨天_{하라.}
권 군 범 사　　　막 원 천

天意於人_에 無厚薄_{이니라.}
천 의 어 인　　　무 후 박

 명심보감의 뜻을 살펴보아요

扶	人	未	必	上	靑	霄	推
도울 부	사람 인	아닐 미	반드시 필	위 상	푸를 청	하늘 소	밀 추

塡	溝	壑	勸	君	凡	事	莫
메울 전	도랑 구	구렁 학	권할 권	그대 군	모두 범	일 사	말 막

怨	天	意	於	無	厚	薄
원망할 원	하늘 천	뜻 의	어조사 어	없을 무	두터울 후	엷을 박

146

⟡ 사람을 떠받친다고 해서 반드시 푸른 하늘에 오를 수 있는 것은 아니요, 사람을 민다고 해서 반드시 깊은 구렁에 떨어지는 것은 아니다. 그대에게 권하노니, 모든 일을 하늘을 원망하지 말라. 하늘의 뜻은 사람에게 후하고 박함이 없느니라.

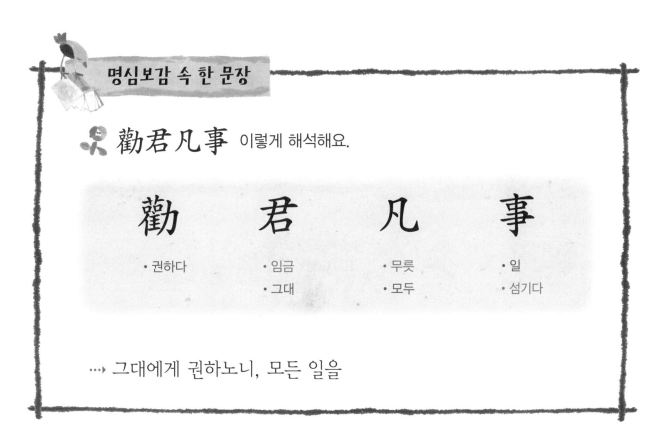

명심보감 속 한 문장

👤 **勸君凡事** 이렇게 해석해요.

勸	君	凡	事
·권하다	·임금	·무릇	·일
	·그대	·모두	·섬기다

⋯⋯▶ 그대에게 권하노니, 모든 일을

항상 남의 탓만 하는 친구가 있어요. 경기에서 져도, 일이 잘못되어도, 다툼이 생겨도, 항상 남의 탓만 하지요. 제 잘못은 하나도 없다고 핑계 대면서 말이에요. 처음에는 '이 친구의 말이 맞나?' 하는 생각이 들어요. 하지만 매번 안 좋은 일이 생길 때마다 변명하고 남 탓하는 모습에서 그의 말을 더 이상 믿지 않게 되지요.

핑계를 대다 보면 더 큰 핑계를 찾게 되고, 거짓말을 하다 보면 자신이 했던 거짓말을 덮기 위해 더 큰 거짓말을 하게 되거든요. 남 탓도 계속하다가 더 이상 탓할 사람이 없으면 자신의 환경을 탓하고, 그러다 부모님을 탓하고, 결국 하늘까지 탓하게 되지요. 왜 나를 이렇게 태어나게 했느냐면서 말이에요.

명심보감은 말하고 있어요. 하늘은 누구를 더 예뻐하거나 미워하지 않으니, 하늘을 원망하지 말라고 말이에요. 하늘도 원망하면 안 되는데 다른 사람 탓만

하며 살아서야 되겠어요? 먼저 자신에게서 허물을 찾아야지요.

누가 열심히 도와준다고 그 사람이 꼭 잘되라는 법이 없고, 망하길 바라며 못살게 군다고 그 사람이 꼭 잘못되라는 법도 없다고 해요. 여건이 아무리 좋지 않아도 항상 실패하라는 법은 없으니, 기회를 기다리며 노력하다 보면 성공할 수 있다는 뜻이에요. 힘들다고 주저앉지 마세요. 누가 뭐라 한다고 무너지기엔 난 매우 소중한 사람이잖아요!

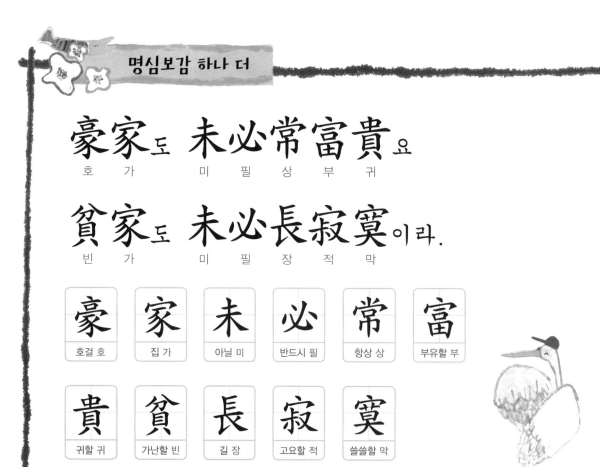

명심보감 하나 더

豪家도 未必常富貴요
호 가   미 필 상 부 귀

貧家도 未必長寂寞이라.
빈 가   미 필 장 적 막

豪	家	未	必	常	富
호걸 호	집 가	아닐 미	반드시 필	항상 상	부유할 부

貴	貧	長	寂	寞
귀할 귀	가난할 빈	길 장	고요할 적	쓸쓸할 막

◑ 호화로운 집도 반드시 언제나 부귀하지는 못하고, 가난한 집도 반드시 오래도록 적막하지는 않느니라.

우리 집이 가난하다고 해서 나까지 가난하라는 법은 없어요. 내가 노력해 부자가 되면 되니까요. 또 우리 집이 잘산다고 해서 내가 계속 부자로 산다는 보장도 없어요. 나에게 그 부유함을 지킬 지혜와 능력이 없다면 말이에요. 여러분은 어떤 사람인가요? 우리 집이 가난하다고 모든 것을 자포자기하는 사람인가요? 아니면 부모님의 부유함을 믿고 안주하는 사람인가요? 중요한 것은 내 가정 형편이 아니라 내가 어떤 사람인가 하는 거예요.

말을 타고 나가요, 출마(出馬)

선거에 입후보했거나 어떤 일에 나설 때 출마(出馬)했다고 해요. 풀이하면 '말을 타고 나간다.'는 뜻으로, 선거에 나가는 것을 말을 타고 전쟁터에 나서는 것에 비유한 말이에요. 장수가 전쟁터에 나가면 이길지 질지 모를뿐더러, 자신의 목숨도 장담하기 힘들어요. 선거 또한 당선되면 모든 영예를 독차지하지만, 졌을 때는 낭패감이 이루 말할 수 없거든요. 게다가 다음 선거가 있을 때까지 자신의 패배를 곱씹으며 인고(忍苦)의 세월까지 보내야 하니까요.

참고로 전쟁과 관련하여 출사표(出師表)라는 말이 있어요. 장수가 군대를 몰고 싸움터로 떠날 때 자신의 마음을 임금에게 올리던 글이지요. 사람들은 선거나 경기에 참가 의사를 밝힌다는 뜻으로 '출사표를 던지다.'라고 표현한답니다. 출사표 중에서 중국 삼국 시대 제갈공명이 임금인 유선에게 올린 글이 명문장으로 유명해요.

🏠 전쟁과 관련된 말

한 번 실수는 병가(兵家)의 상사(常事): 전쟁을 하다 보면 한 번의 실수는 늘 있는 일이라는 뜻으로, 일에는 실수나 실패가 있을 수 있다는 말.

예 한 번 실수는 병가의 상사라는 말도 있지 않은가? 이제 그만 그를 용서해 주게!

지피지기(知彼知己): 적의 사정과 나의 사정을 자세히 앎.

예 지피지기면 백 번 싸워도 위태롭지 않다고 했는데, 장군께서는 왜 적의 동태를 살피지 않는 것이옵니까?

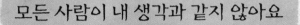

모든 사람이 내 생각과 같지 않아요

春雨如膏나 行人은
춘 우 여 고 행 인

惡其泥濘하고 秋月揚輝나
오 기 니 녕 추 월 양 휘

盜者는 憎其照鑑이니라.
도 자 증 기 조 감

 명심보감의 뜻을 살펴보아요

春	雨	如	膏	行	人	惡	其	泥	濘
봄 춘	비 우	같을 여	기름 고	다닐 행	사람 인	싫어할 오	그 기	진흙 니	진흙 녕

秋	月	揚	輝	盜	者	憎	照	鑑
가을 추	달 월	날릴 양	빛날 휘	도둑 도	사람 자	미워할 증	비출 조	거울 감

● 봄비는 기름과 같으나 길 가는 사람은 그 진흙탕을 싫어하고, 가을 달이 빛을 드리우나 도둑은 그 밝게 비추는 것을 싫어하느니라.

惡其泥濘 이렇게 해석해요.

惡	其	泥濘
· 악하다	· 그	· 진흙탕
· 싫어하다		

⋯ 그 진흙탕을 싫어하다.

   친구의 생일에 다이어리를 선물했어요. 평소에 약속 시간이나 날짜를 자주 깜빡하는 친구에게 꼭 필요한 선물 같아서요. 그런데 선물을 받은 친구의 표정이 썩 밝지 않아요. 요즘 누가 스마트폰 놔두고 다이어리에 약속을 적느냐며 말이에요. 웃으면서 말했지만 내 기분은 썩 좋지 않아요. 나는 스마트폰에 입력하는 것보다 다이어리에 예쁘게 메모하고 기억하는 것이 훨씬 더 좋거든요.

   만약 여러분이 이와 같은 상황이라면 어떤 생각이 드나요? 친구의 마음을 헤아리지 못한 내 잘못이 큰가요? 아니면 생일 선물에 담긴 마음을 헤아리지 못한 친구의 잘못이 큰가요?

   명심보감은 다른 사람의 생각이 나와 같지 않고 다를 수 있음을 강조하고 있어요. 내가 다이어리에 메모하는 것을 좋아한다고 친구도 꼭 그래야 하는 법은 없어요. 친구가 스마트폰에 약속을 입력한다고 틀린 것도 아니고요. 그런데 사람들은 생각이나 취향이 나와 비슷하면 함께하고 다르면 바로 멀리해요. 생각이나 취향은 변하기 마련이고 항상 똑같을 수는 없는데 말이에요. 이제 친구가 나와 다를 수 있음을 인정해요. 그래야 친했다가 금방 멀어지지 않고 평생을 함께할 친구를 사귈 수 있어요.

명심보감 하나 더

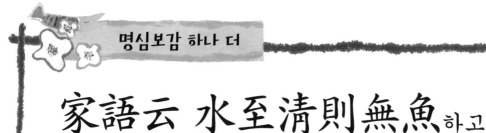

家語云 水至清則無魚하고
가 어 운 수 지 청 즉 무 어

人至察則無徒니라.
인 지 찰 즉 무 도

家	語	云	水	至	清
집 가	말씀 어	이를 운	물 수	이를 지	맑을 청

則	無	魚	人	察	徒
곧 즉	없을 무	고기 어	사람 인	살필 찰	무리 도

◆ 《가어》에서 말하였다. "물이 지극히 맑으면 고기가 없고, 사람이 지극히 살피면 친구가 없느니라."

바다가 넓은 이유는 크고 작은 강물을 모두 받아들였기 때문이에요. 산이 높은 이유는 흙과 바위를 가리지 않고 모두 품었기 때문이에요. 사람도 완벽한 사람은 없어요. 조금의 흠은 누구나 있기 마련이지요. 큰 인물이 되려면 다른 사람의 흠까지 포용할 수 있어야 해요.

무릎 아래, 슬하(膝下)

　여러분은 "슬하에 자녀를 몇 명 두셨습니까?"라는 말을 들어 본 적이 있을 거예요. 여기서 슬하(膝下)는 '무릎 아래'라는 뜻으로 '부모의 보호를 받는 테두리 안'을 표현하는 말이에요. 어렸을 때, 엄마나 아빠가 무릎을 포개 앉으면 그 위에 앉았던 기억이 나지요? 세상에서 가장 편안하게 앉았던 바로 그곳이 슬하랍니다. 만약 '편모 슬하에 자랐다.'라는 말을 하면 홀로 남은 어머니 밑에서 자랐다는 뜻이에요.

　참고로 무릎과 관련하여 많이 쓰이는 말로는 '항복하거나 굴복하다.'라는 뜻의 '무릎을 꿇다.'가 있고, '갑자기 어떤 놀라운 사실을 알게 되었거나 희미한 기억이 되살아날 때' 쓰는 '무릎을 치다.', '서로 가까이 마주 앉다.'라는 뜻의 '무릎을 맞대다.'가 있어요.

신체와 관련된 말

배보다 배꼽이 더 크다: ① 기본이 되는 것보다 덧붙이는 것이 더 많거나 큰 경우. ② 일이 도리와 반대가 되는 경우.

예 배보다 배꼽이 더 크다더니! 그는 차 값보다 차를 꾸미는 데에 돈을 더 많이 썼어.

순망치한(脣亡齒寒): 입술이 없으면 이가 시리다는 뜻으로, 서로 이해관계가 밀접한 사이에 어느 한쪽이 망하면 다른 한쪽도 그 영향을 받아 온전하기 어려움.

예 중국과 일본의 경제가 흔들리면 우리나라도 함께 흔들려. 왜냐하면 순망치한이라는 말처럼 밀접하게 연결되어 있어 서로 영향을 받기 때문이야.

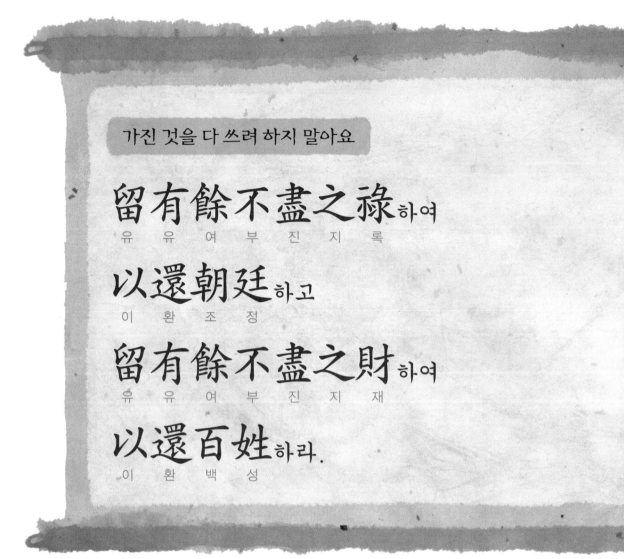

가진 것을 다 쓰려 하지 말아요

留有餘不盡之祿하여
유 유 여 부 진 지 록

以還朝廷하고
이 환 조 정

留有餘不盡之財하여
유 유 여 부 진 지 재

以還百姓하라.
이 환 백 성

 명심보감의 뜻을 살펴보아요

留	有	餘	不	盡	之	祿
머무를 유	있을 유	남을 여	아닐 부	다할 진	어조사 지	복 록

以	還	朝	廷	財	百	姓
써 이	돌아올 환	아침 조	조정 정	재물 재	일백 백	성씨 성

➡ 남음이 있고 다하지 않는 녹봉(祿俸)을 남겨 두어 조정에 돌려주고, 남음이 있고 다하지 않는 재물을 남겨 두어 백성에게 돌려줄지니라.

* 녹봉(祿俸): 벼슬아치에게 1년 또는 계절 단위로 나누어 주던 금품.

不盡之財 이렇게 해석해요.

不	盡	之	財
• 아니다	• 다하다	• ~의 • ~하는	• 재물

⋯▸ 다하지 않는 재물

반장이 학급비를 걷어 자신의 돈이 아니라고 함부로 쓰고 다닌다고 생각해 봐요. 몇 군데 돌아다니며 물건 값을 알아봐서 학급 비품을 싸게 살 수 있었는데 말이에요. 한 학급을 맡은 반장이라면 학급비를 자신의 돈처럼 알뜰하게 쓴 후, 그 사용 내역을 공개하고 남은 돈을 반 친구들에게 돌려주어야 해요. 모두가 그럴 거라 믿고 반장을 맡긴 거잖아요?

반장에 따라 학급의 살림도 변하는데 한 도시와 한 나라의 살림을 맡아 하는 사람이라면 어떨까요? 아마 어떤 마음가짐으로 그 일을 맡느냐에 따라 도시와 나라의 살림살이가 바뀌는 것은 말할 것도 없겠죠?

명심보감은 말하고 있어요. 나라의 녹을 먹는 관리는 받은 녹조차도 아끼고 아껴 남은 것을 국가에 반납한다는 마음으로 살아야 한다고 말이에요.

그러니 나라에서 백성을 위해 쓰라고 맡긴 돈은 어떻게 써야 할까요? 내게 재물이 있다고 그것을 함부로 쓰거나 혼자서만 누리지 말고, 가난한 백성들과 나눌 줄 알아야 해요.

명심보감 하나 더

悶人之凶하고 樂人之善하며
민 인 지 흉   낙 인 지 선

濟人之急하고 救人之危니라.
제 인 지 급   구 인 지 위

悶	人	之	凶	樂
번민할 민	사람 인	어조사 지	흉할 흉	즐거울 낙

善	濟	急	救	危
착할 선	구제할 제	급할 급	건질 구	위태할 위

남의 흉한 것을 민망하게 여기고, 남의 착한 것을 즐거워하며, 남의 급한 것을 구제하고, 남의 위태함을 구해야 하느니라.

혹시 남이 잘못되면 좋아하고, 남이 잘되면 시기하고, 남이 급할 때 도와주지 않고, 남이 위험할 때 모른 척하지 않았나요? 내게 이런 모습이 조금은 있었을 거예요. 이제 남이 아프면 함께 아파하고, 남이 잘하면 박수쳐 주고, 누군가 위급한 일이 생기면 도와줄 수 있는 사람이 되었으면 해요.

상아로 장식한 기(旗)가 꽂힌 성, 아성(牙城)

'상아로 장식한 기가 꽂힌 성'이란 뜻의 아성(牙城)은 '아주 중요한 근거지'를 비유적으로 표현할 때 쓰는 말이에요. 전쟁터에서 임금이나 대장이 거처하는 곳에 상아로 장식한 깃대를 세운 데서 유래했어요. 상아는 단단해 불에 잘 타지도 않고 물에 닿아도 모양이 쉽게 변하지 않아요. 또한 조각하기가 쉽고 예술품으로서도 아름다워 예부터 소중하게 다뤄졌답니다.

흔히 '순수 학문을 지향하는 대학'을 멋스럽게 '상아탑(象牙塔)'이라고 하지요? 아이보리 타워(Ivory tower)를 번역한 이 말은 프랑스의 시인 생트뵈브가 속세를 떠나 오로지 학문이나 예술에만 잠기는 경지를 비판한 데서 그 뜻이 유래해요. 그 비싼 상아로 탑을 쌓고 그 속에 살다 보면 현실감이 다소 떨어지긴 할 거예요.

코끼리와 관련된 말

바늘구멍으로 코끼리를 모는 격: 작은 바늘구멍으로 엄청나게 큰 코끼리를 몬다는 뜻으로, 전혀 가능성이 없는 일을 하라고 강요하는 경우.

예 바늘구멍으로 코끼리를 모는 격이라더니, 이 일은 실현될 가능성이 전혀 없네.

군맹무상(群盲撫象): 맹인(盲人) 여럿이 코끼리를 만진다는 뜻으로, 사물을 좁은 소견과 주관으로 잘못 판단함.

예 자네는 군맹무상이라는 말도 들어보지 못했는가? 몇 그루 나무만 보고 그 숲을 말해서는 안 되는 법일세.

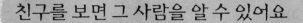
친구를 보면 그 사람을 알 수 있어요

欲知其君인대 先視其臣하고
욕 지 기 군   선 시 기 신

欲識其人인대 先視其友하고
욕 식 기 인   선 시 기 우

欲知其父인대 先視其子하라.
욕 지 기 부   선 시 기 자

명심보감의 뜻을 살펴보아요

欲	知	其	君	先	視
하고자 할 욕	알 지	그 기	임금 군	먼저 선	볼 시

臣	識	人	友	父	子
신하 신	알 식	사람 인	벗 우	아비 부	아들 자

● 그 임금을 알고 싶으면 먼저 그 신하를 보고, 그 사람을 알고 싶으면 먼저 그 벗을 보고, 그 아버지를 알고 싶으면 먼저 그 자식을 보라.

欲知其君 이렇게 해석해요.

欲	知	其	君
• 하고자 하다	• 알다	• 그	• 임금 • 그대

····▶ 그 임금을 알고 싶으면

사람은 평생 자신의 얼굴보다 남의 얼굴을 더 보고 살아요. 자신의 얼굴을 제대로 보려면 거울에 비춰 봐야 알 수 있지요.

그렇다면 내가 어떤 사람인지는 어떻게 알 수 있을까요? 사람 됨됨이가 얼굴처럼 거울을 보면 바로 알 수 있는 것도 아니니 말이에요.

이럴 때는 내가 평소 친하게 지내는 친구들이 무엇을 좋아하고 어떤 사람인지를 거울처럼 보면 돼요. 친구들이 대부분 게임 이야기를 하는데 내가 그 속에 끼어 있으면 나는 게임을 무척 좋아하는 사람이고, 친하게 지내는 친구가 공부할 때는 전혀 생각나지 않다가 신 나게 놀 때만 생각한다면 나는 그 친구가 좋은 것이 아니라 함께 노는 것이 좋은 거예요. 재미있게 놀 수만 있다면 굳이 그 친구가 아

니어도 된다는 뜻이죠.

　명심보감은 말하고 있어요. 곁에 있는 신하가 충신인지 간신인지를 보면 임금이 어떤 사람인지를 알 수 있고, 어울리는 친구들이 어떤 사람인지를 보면 그 사람을 자세히 알 수 있고, 아들이 어떻게 행동하는지를 보면 그 아버지를 알 수 있다고 말이에요.

명심보감 하나 더

子曰 木從繩則直하고
자 왈 목 종 승 즉 직

人受諫則聖이니라.
인 수 간 즉 성

子	日	木	從	繩	則
아들 자	가로 왈	나무 목	따를 종	줄 승	곧 즉

直	人	受	諫	聖
곧을 직	사람 인	받을 수	간할 간	성스러울 성

◐ 공자가 말하였다. "나무가 먹줄을 따르면 곧게 되고, 사람이 간함을 받아들이면 성스러워지느니라."

나무를 자를 때 눈대중으로 하다 보면 처음엔 똑바른 것 같지만 나중에는 삐뚤빼뚤해지기 일쑤예요. 그래서 목수는 먹줄을 가지고 다녀요. 나무에 먹물을 묻힌 실을 대고 튕겨 곧게 줄을 그은 다음 그 줄을 따라 톱질을 하지요. 사람도 마찬가지예요. 바르게 살기 위해서는 먹줄로 삼을 만한 대상이 있어야 해요. 그래야 자신이 바르게 가고 있는지 알 수 있거든요.

검은 마음, 흑심(黑心)

음흉하거나 마음속에 부정한 욕심이 많을 때, 흑심(黑心)을 품었다고 표현해요. 풀이하면 '검은 마음'이에요. 이처럼 '검다.'는 말은 우리 생활에서 빛깔이 어둡고 짙을 때만 쓰는 것이 아니라, 속이 엉큼하고 흉측하거나 정체를 알 수 없을 때도 쓴답니다. 또, 모든 문제에서 중립을 인정하지 않고 극단적으로 둘로 갈라 판단하는 사고방식을 흑백논리(黑白論理)라고 해요. 이때의 흑은 '나쁜 것, 옳지 않은 것'이라는 의미로 쓰였어요.

흑(黑)색은 '청(靑)-파랑, 황(黃)-노랑, 적(赤)-빨강, 백(白)-하양'과 더불어 오색(五色)에 해당해요. 옛사람은 방향이나 계절에 색을 정해 줬는데, 흑색은 북쪽을 가리키고, 계절로는 겨울과 관련 있다고 생각했어요.

검정과 관련 있는 말

까마귀가 검기로 속도 검겠나?: ① 겉모양이 허술하고 누추하여도 마음까지 악할 리는 없음. ② 사람을 평가할 때 겉모양만 보고 할 것이 아니라는 뜻.

예 까마귀 검기로 속도 검겠나? 사람은 지내 봐야 아는 법이니, 조금만 더 지켜보세.

근묵자흑(近墨者黑): 먹을 가까이하는 사람은 검어진다는 뜻으로, 나쁜 사람과 가까이 지내면 나쁜 버릇에 물들기 쉬움.

예 근묵자흑이라 했네. 나쁜 친구를 사귀면 나쁜 행동을 하기 마련이지.

먼저 화부터 내지 마세요

事有不可어든 當詳處之면
사 유 불 가 　　　 당 상 처 지

必無不中이어니와
필 무 부 중

若先暴怒면 只能自害라.
약 선 폭 노 　　　 지 능 자 해

명심보감의 뜻을 살펴보아요

事	有	不	可	當	詳	處	之	必	無
일 사	있을 유	아닐 부(불)	옳을 가	마땅할 당	자세할 상	곳 처	어조사 지	반드시 필	없을 무

中	若	先	暴	怒	只	能	自	害
맞을 중	만약 약	먼저 선	사나울 폭	성낼 노	다만 지	능할 능	스스로 자	해칠 해

◉ 일에 옳지 않음이 있거든 마땅히 자세하게 처리하면 반드시 맞지 않는 것이 없거니와 만약 성내기를 먼저 한다면 다만 자신을 해롭게 할 뿐이다.

必無不中 이렇게 해석해요.

必	無	不	中
• 반드시	• 없다	• 아니다	• 가운데
	• 말라		• 맞다

⋯▶ 반드시 맞지 않는 것이 없다.

친구가 약속 시간에 늦어 무섭게 쏘아붙였어요. 그런데 알고 보니 오다가 사고가 났는데도 기다리고 있을 내가 걱정돼 병원도 가지 않고 왔다고 생각해 봐요. 얼마나 무안하고 미안하겠어요? 뒤늦은 사과에 그 친구는 괜찮다고 하겠지만 서운한 감정이 쉽게 가라앉지 않을 거예요. 먼저 어떻게 된 일인지 묻고 화를 내도 늦지 않아요. 매사에 짜증 섞인 목소리로 화부터 낸다면 힘들 때 내 곁에 있어 줄 친구들이 점점 사라질 거예요.

명심보감은 말하고 있어요. 누군가 잘못하거든 무턱대고 화부터 내지 말고 자세하게 알아보고 난 후, 그에 맞는 행동을 하라고 말이에요.

"너 때문에 내가 여기서 얼마나 서 있었는지 알아?"라고 말하기보다, "혹시 무슨 일 있었던 건 아니지? 왜 이리 늦었어? 연락도 안 되고 많이 기다렸잖아."라고 말해야 한다는 거죠. 여러분이 만약 피치 못할 사정으로 약속 장소에 늦었다면 이 둘 중에 어떤 말을 듣고 싶으세요? 물론 후자겠지요?

우리는 몹시 못마땅하거나 언짢을 때 성을 내는 것을 '화'라고 하는데, 한자로 '불 화(火)' 자를 쓰고 있어요. 화가 나면 속에서 불이 나는 것 같아 그리 표현했을 거예요. 물건도 맞대면 마찰력이 생기듯이 사람도 함께 지내다 보면 마찰이 생겨 화가 나기 마련이에요. 화(火)는 반드시 풀어야 해요. 그렇지 않으면 마음의 병인 화병(火病)이 생긴답니다.

명심보감 하나 더

若要人重我인대
약 요 인 중 아

無過我重人이니라.
무 과 아 중 인

若	要	人	重	我	無	過
만약 약	중요할 요	사람 인	무거울 중	나 아	없을 무	지날 과

▶ 만약 남이 나를 중하게 여겨 주기를 바란다면 내가 남을 중히 여기는 것보다 더함은 없느니라.

내가 청소하기 싫으면 남도 청소하기 싫어요. 나는 청소하기 싫어 안 하면서 남에게만 시킨다면 청소를 하는 입장에서 불만이 쌓일 수밖에 없어요. 마찬가지로 다른 사람을 업신여기고 깔보면서 다른 사람이 나를 깍듯하게 대접하기를 바란다면 모순이지요. 누군가에게 대접받고 싶은가요? 그러면 먼저 그 사람을 대접해 주세요.

칡과 등나무, 갈등(葛藤)

　주로 약으로 쓰이는 칡과 시원한 그늘을 만들어 주는 등나무는 모두 덩굴 식물로, 다른 물건을 감거나 식물에 붙어서 자라요. 만약 이 둘이 만나 꼬이게 되면 좀체 풀기 어려워요. 게다가 칡은 반시계 방향으로 감아 오르고, 등나무는 시계 방향으로 감아 올라간다고 하니 더 말할 것도 없지요. 칡과 등나무라는 뜻의 갈등(葛藤)이란 말도 여기에서 유래했어요.

　누군가 부모님과의 세대 차이로 갈등을 겪고 있다고 말했다면, 부모님과 본인 사이에 목표나 이해관계가 달라 사이가 안 좋은 상태이거나 서로 충돌했다는 뜻으로 이해하면 돼요. 참고로 소설이나 희곡에서도 등장인물 사이에 일어나는 충돌, 등장인물과 환경 사이의 대립을 '갈등'이라고 표현한다는 거 기억하세요. 국어 시간에 곧잘 나오는 말이거든요.

갈등과 관련 있는 말

곪으면 터지는 법: 살이 곪으면 마침내 터지고 말듯이, 원한이나 갈등이 쌓이고 쌓이면 마침내 터지고야 만다는 뜻.

예 곪으면 터지는 법. 내 이럴 줄 알았네! 둘의 싸움은 예견된 일이야.

견원지간(犬猿之間): 개와 원숭이의 사이라는 뜻으로, 사이가 매우 나쁜 두 관계를 이르는 말.

예 두 사람은 견원지간이라 만나기만 하면 싸우지.

7장. 친구 사귀기

꽃이 있는 방에 있으면 몸에서 꽃향기가 나요

與善人居면 如入芝蘭之室하여
여 선 인 거   여 입 지 란 지 실

久而不聞其香하되
구 이 불 문 기 향

卽與之化矣라.
즉 여 지 화 의

명심보감의 뜻을 살펴보아요

與	善	人	居	如	入	芝	蘭	之	室
더불 여	착할 선	사람 인	있을 거	같을 여	들 입	지초 지	난초 란	어조사 지	집 실

久	而	不	聞	其	香	卽	化	矣
오랠 구	말 이을 이	아닐 불	들을 문	그 기	향기 향	곧 즉	될 화	어조사 의

◑ 착한 사람과 함께 있으면 향기로운 지초와 난초가 있는 방에 들어간 것과 같아 오래 있다 보면 그 향기를 맡지 못하지만 곧 더불어 향기와 동화되느니라.

與善人居 이렇게 해석해요.

與	善	人	居
• 주다	• 착하다	• 사람	• 살다
• 더불어, 함께	• 잘하다	• 남	• 있다
• 참여하다			

⋯⟶ 착한 사람과 함께 있으면

처음은 달랐다가 나중에 서로 같게 되는 것을 '동화(同化)'라고 해요. 친구들과 어울려 나쁜 행동을 하면, 가슴이 쿵쾅거리고 손발이 떨리며 밤에 잠도 오지 않아요. 하지만 한 번, 두 번 하다 보면 죄의식도 사라지고 나중에는 아무렇지도 않게 돼요. 나쁜 친구들에 동화된 거예요. 처음에는 많이 무섭고 싫었던 그 친구들과 내가 똑같아졌다는 뜻이기도 해요. 이처럼 누군가와 함께 있다 보면 닮아 간다고 해요. 좋은 쪽이든 나쁜 쪽이든 말이에요.

명심보감은 말하고 있어요. 꽃이 있는 방에 들어가서 오래 있다 보면 나는 맡지 못하지만 내 몸에서 꽃향기가 나고, 생선 가게에 들어가 오래 있다 보면 나는 맡지 못하지만 내 몸에서 비린내가 난다고 말이에요. 그래서 아무나 함부로 사귀지 말고, 배울 점이 있는 좋은 벗들과 함께하라고 충고하고 있어요.

여러분 주변에는 어떤 친구들이 있나요? 좋은 친구들인가요? 나쁜 친구들인가요? 또 정작 여러분은 친구들에게 어떤 벗인가요? 함께 있으면 꽃향기가 묻어나는 벗인가요? 아니면 생선 비린내를 나게 하는 벗인가요?

명심보감 하나 더

相識이 滿天下하되
상 식　　 만 천 하

知心能幾人고.
지 심 능 기 인

相	識	滿	天	下
서로 상	알 식	찰 만	하늘 천	아래 하

知	心	能	幾	人
알 지	마음 심	능할 능	몇 기	사람 인

➡ 서로 아는 사람은 세상에 가득하되 마음을 능히 아는 사람은 몇이나 되겠는가?

내 표정과 행동 그리고 말에 담긴 속마음을 진심으로 이해해 주는 친구가 세상에 몇이나 될까요? 나름 친하다고 생각하며 알고 지내는 사람은 주변에 많지만 정작 내 마음을 숨김 없이 털어놓고 의지할 사람은 또 몇이나 될까요? 만약 그런 벗이 있어 함께할 수 있다면 얼마나 힘이 되고 행복할까요? 여러분도 이런 벗을 얻고, 이런 벗이 되었으면 해요.

어휘 깊이 생각하기

소리 나는 화살, 효시(嚆矢)

옛날 전쟁터에서는 '우는 화살'이라는 효시(嚆矢)를 쏘아 병사들에게 싸움의 시작을 알렸어요. 이러한 이유로 '어떤 물건이나 일이 시작된 맨 처음'을 효시(嚆矢)라고 해요. 효시는 화살 끝 부분에 구멍 뚫린 둥근 재료를 끼워 넣어 만들었는데, 허공에 대고 쏘면 바람을 가르며 울음소리를 냈다고 해요.

비슷한 말로 '맨 처음'을 뜻하는 시초(始初)와 '어떤 일을 처음으로 시작한 사람'이란 뜻의 원조(元祖)가 많이 쓰여요. 여러분도 식당이 즐비해 있는 거리를 걷다가 서로 자기가 원조라고 써 붙인 가게들을 봤을 거예요. 원조는 분명 한 가게일 텐데 어찌 그리 원조들이 많을까요? 모두 다 원조일 수는 없으니 누군가는 분명 거짓 광고를 하고 있는 셈이 되지요.

시작과 관련된 말

시작이 반이다: 무슨 일이든지 시작하기가 어렵지 일단 시작하면 일을 끝마치기는 그리 어렵지 아니함.

예 시작이 반이라고 하잖아! 너무 주저하지 말고 일단 시작부터 하는 것이 중요해.

파천황(破天荒): 이전에 아무도 하지 못한 일을 처음으로 해냄.

예 그의 고향에서는 이전까지 한 번도 사법 고시 합격자를 배출하지 못했다. 그가 이번에 합격한 것은 파천황의 일이다.

不結子花는 休要種이요
부 결 자 화　　휴 요 종

無義之朋은 不可交니라.
무 의 지 붕　　불 가 교

君子之交는 淡如水하고
군 자 지 교　　담 여 수

小人之交는 甘若醴니라.
소 인 지 교　　감 약 례

명심보감의 뜻을 살펴보아요

不	結	子	花	休	要	種	無
아닐 부	맺을 결	열매 자	꽃 화	말 휴	구할 요	씨 종	없을 무

義	之	朋	可	交	君	淡	如
뜻 의	어조사 지	벗 붕	옳을 가	사귈 교	임금 군	맑을 담	같을 여

水	小	人	甘	若	醴
물 수	작을 소	사람 인	달 감	같을 약	단술 례

○ 열매를 맺지 않는 꽃은 심지 말고 의리 없는 친구는 사귀지 말라. 군자의 사귐은 담박하기가 물과 같고, 소인의 사귐은 달콤하기가 단술과 같으니라.

🌸 不結子花 이렇게 해석해요.

不	結	子	花
• 아니다	• 맺다	• 아들 • 자식 • 열매	• 꽃

⋯› 열매를 맺지 않는 꽃

사람으로서 마땅히 지켜야 할 도리를 의리(義理)라고 해요. 그럼 어떤 경우에 의리 없다고 하는지 예를 들어 볼까요?

함께 잘못해 놓고 선생님 앞에서 자기는 잘못 없다고 혼자 쏙 빠지는 친구. 교실 대청소가 늦어져 모두 점심 식사를 못 했는데 혼자만 배고프다고 매점에 다녀온 친구. 새로운 반장이 뽑히자 옛날 친하게 지내던 반장은 본체만체하고 새로운 반장하고만 어울리는 친구. 모두 다 의리 없어요.

살다 보면 어쩔 수 없이 한두 번 의리를 저버리는 경우가 있을 수는 있어요. 하지만 계속 의리 없는 행동을 반복한다면 그런 친구는 멀리하는 게 나아요. 그 친구는 내가 필요하면 곁에 있겠지만 필요 없다고 생각되면 언제고 의리를 저버릴 사람이니까요.

명심보감은 말하고 있어요. 열매가 열리지 않는 꽃은 심지 말고 의리 없는 친구는 사귀지 말라고 말이에요. 열매가 열리지 않는다는 것은 노력한다고 해도 그에 맞는 결과물을 얻지 못한다는 말이에요. 의리가 없다는 것은 친하게 지내다가도 내게 얻을 이익이 없다면 매몰차게 떠날 사람이라는 뜻이에요. 그러니 당연히 의리 있고 배울 점이 많은 친구는 가까이 하고, 믿을 수 없고 듣기 좋은 말만 번지르르한 사람은 멀리해야겠지요.

명심보감 하나 더

路遙知馬力이요
노 요 지 마 력

日久見人心이니라.
일 구 견 인 심

路	遙	知	馬	力
길 노	멀 요	알 지	말 마	힘 력

日	久	見	人	心
날 일	오랠 구	볼 견	사람 인	마음 심

◐ 길이 멀어야 말의 힘을 알 수 있고, 날이 오래 지나야 사람의 마음을 볼 수 있느니라.

주로 어떤 표정을 짓느냐를 살피면 그 사람을 이해하는 데 도움이 돼요. 왜냐하면 사람들은 표정을 통해 자기 감정을 드러내기 때문이에요. 그런데 속마음은 표정으로 100퍼센트 다 드러나지 않아요. 오래 함께 지내며 여러 일을 겪어 봐야 그 사람의 마음을 어느 정도 살필 수 있답니다.

부모님을 닮지 못해서, 불초(不肖)

조선 시대를 배경으로 한 드라마를 보면 주인공이 가끔 '불초(不肖) 소생(小生)'이라는 말을 해요. 이 말은 '부모님을 닮지 않아 못나고 어리석은 사람'이라는 뜻의 불초(不肖)와 '자신'을 낮춰 부르는 소생(小生)을 합쳐, 겸양의 뜻으로 부모님께 자신을 낮춰 부를 때 쓴답니다.

참고로 부모님께 편지할 때 '부모님 앞에 올리는 글'이라는 뜻의 '부모(父母)님 전(前) 상서(上書)'라는 문구를 쓴 다음, 글을 적어요. 그런데 요즘 사람들은 '부모님전 상서'로 쓰거나 '부모님 전상서'로 써요. 하지만 엄밀히 따져 보면 '부모님 전 상서'로 써야 한답니다. 전(前)은 '앞'을 뜻하고 상서(上書)는 '웃어른에게 올리는 글'이라는 뜻이니 띄어 써야 하거든요.

🏠 못남과 관련된 말

어물전 망신은 꼴뚜기가 시킨다: 지지리 못난 사람일수록 같이 있는 동료를 망신시킨다는 말.

📖 어물전 망신은 꼴뚜기가 시킨다더니, 저 친구 때문에 망신도 이런 망신이 없어.

팔불출(八不出): 몹시 어리석은 사람을 이르는 말.

📖 부인 자랑하면 팔불출이라는데, 길동이는 벌써 20분째 부인 자랑일세.

8장. 하늘의 뜻 알기

種瓜得瓜요 種豆得豆니
종 과 득 과 종 두 득 두

天網이 恢恢하여
천 망 회 회

疎而不漏니라.
소 이 불 루

 명심보감의 뜻을 살펴보아요

種	瓜	得	豆	天	網
심을 종	오이 과	얻을 득	콩 두	하늘 천	그물 망

恢	疎	而	不	漏
넓을 회	성길 소	말 이을 이	아닐 불	샐 루

오이를 심으면 오이를 얻고 콩을 심으면 콩을 얻으니, 하늘의 그물이 넓고 넓어서 성기되 새지는 않느니라.

명심보감 속 한 문장

🌺 **種豆得豆** 이렇게 해석해요.

種　　豆　　得　　豆

- 씨
- 심다

- 콩

- 얻다
- 이득

- 콩

⋯▸ 콩을 심으면 콩을 얻는다.

기말고사 성적이 떨어졌어요. 나름대로 열심히 한다고 했는데도 결과가 나빠 화가 나고 기운도 안 나요. 그런데 선생님께서 성적이 떨어진 이유를 글로 적어 내라고 하세요. 결과에는 반드시 이유가 있다고 하시면서요. 나는 그냥 시험 문제가 이상하고 몇 문제 실수한 탓인 것 같은데 말이죠.

여러분도 한 번쯤은 이런 경험이 있을 거예요. 그런데 생각해 봐요. 시험 문제가 이상했다면 내 예상대로 시험 문제가 출제되지 않았다는 뜻이에요.

그럼 왜 내 예상은 빗나갔을까요? 출제자의 의도를 제대로 파악하지 못했나요? 아니면 정리한 내용이 핵심을 벗어났나요? 또 안 해도 될 사소한 실수로 문제를 아깝게 틀렸다면, 풀고 난 후 한 번 더 점검해 보지 않은 자신의 안이함을 탓해야 하지 않을까요? 어때요? 벌써

내 점수가 떨어진 이유가 세 가지나 보이네요.

명심보감은 말하고 있어요. 하늘은 무심하고 사람 일에 관심이 없는 듯이 보이지만 순리대로 오이를 심으면 오이가 나고 콩을 심으면 콩이 나게 한다고 말이에요. 날씨와 토양에 따라 크기가 조금씩 다를 수는 있어요. 하지만 확실한 건 오이를 심으면 오이가 나지 절대 콩이 나오지 않아요. 노력은 결코 배반하지 않는 법이랍니다.

명심보감 하나 더

孟子曰 順天者는
맹 자 왈 순 천 자

存하고 逆天者는 亡이니라.
존 역 천 자 망

孟	子	日	順	天
맏 맹	아들 자	가로 왈	순할 순	하늘 천

者	存	逆	亡
사람 자	있을 존	거스를 역	망할 망

▶ 맹자가 말하였다. "하늘에 순종하는 자는 살고, 하늘을 거역하는 자는 망하느니라."

하늘을 따른다는 것은 순리를 따른다는 것이고, 순리를 따른다는 것은 세상 사람들이 대부분 옳다고 생각하는 일을 하고, 그르다고 생각하는 일을 하지 말라는 뜻이지요. 이 말은 남과 다르게 톡톡 튀는 창의적인 생각을 하지 말라는 뜻이 아니라, 도덕적으로 상식에 어긋나는 일을 하지 말라는 뜻이에요.

어휘 깊이 생각하기

꾸미고 단장하는 방, 화장실(化粧室)

누구나 화장실에 관련되어 재미있거나 난처했던 경험이 있을 거예요. 현대인이 가는 곳 어디에나 화장실이 있어요. 화장실이 없는 도시 생활을 여러분도 상상하기 어렵지요? 이렇듯 꼭 우리 곁에 있어야 하는 화장실(化粧室)이라는 말을 풀이하면 '대소변을 보는 곳'이 아니라 '꾸미고 단장하는 방'이에요. 평소 그 말을 자세히 생각해 본 적이 없었는데 신기하죠? 요즘은 화장실이 어딜 가든 깨끗해 이 말이 잘 어울리지만 오래전에는 화장실이 깨끗하지 않아 이 말이 그다지 어울리지 않았답니다. 비슷한 말로는 변소(便所), 뒷간 등이 있어요.

참고로 절에 가면 화장실을 해우소(解憂所)라고 해요. 풀이하면 '근심을 푸는 곳'이에요. 깊은 산사(山寺) 화장실 이름으로는 참 잘 어울린다는 생각이 들어요.

화장실과 관련된 말

뒷간에 갈 적 마음 다르고 올 적 마음 다르다: 자기 일이 아주 급한 때는 통사정하며 매달리다가 그 일을 무사히 다 마치고 나면 모른 체하고 지낸다는 말. = 똥 누러 갈 적 마음 다르고 올 적 마음 다르다.

예 뒷간에 갈 적 마음 다르고 올 적 마음 다르다더니, 어쩜 저리 태도가 달라질 수 있지?

동족방뇨(凍足放尿): 언 발에 오줌 누기라는 뜻으로, 잠시 동안만 효력이 있을 뿐 효력이 바로 사라짐.

예 자네는 '동족방뇨'라는 말을 들어 보지 못했는가? 이번 처방은 병의 진행을 잠깐 동안 늦출 뿐, 금방 안 좋은 상황이 다시 올 것이네.

착한 사람은 복을 받고 나쁜 사람은 벌을 받아요

子曰 爲善者는
자 왈 위 선 자

天報之以福하고
천 보 지 이 복

爲不善者는 天報之以禍니라.
위 불 선 자 천 보 지 이 화

명심보감의 뜻을 살펴보아요

子	日	爲	善	者	天
아들 자	가로 왈	할 위	착할 선	사람 자	하늘 천

報	之	以	福	不	禍
갚을 보	어조사 지	써 이	복 복	아닐 불	재앙 화

공자가 말하였다. "착한 일을 하는 사람에게는 하늘이 복으로써 갚아 주고, 착하지 않은 일을 하는 사람에게는 하늘이 재앙으로써 갚아 주느니라."

爲善者 이렇게 해석해요.

爲	善	者
• 하다 • 삼다 • 위하여	• 착하다 • 잘하다	• ~하는 사람 • ~라는 것

⋯▶ 착한 일을 하는 사람

　돈이 없어 갖고 싶은 것을 못 사면 내가 불행하다고 느껴져요. 친구가 나보다 좋은 물건을 갖고 있으면 초라해지고 불행하다는 생각이 들어요. 이처럼 돈이 없으면 행복하다는 생각보다 불행하다는 생각을 훨씬 많이 하지요. 왜 그럴까요? 그건 내가 행복의 가치를 돈에 두기 때문일 거예요. 쓰고 써도 부족한 돈으로 행복의 잣대를 삼으니 내 삶이 불행해질 수밖에요.

　그런데 알아야 해요. 세상에는 돈보다 가치 있는 사람과 일이 내 주위에 참 많다는 사실 말이에요. 예를 들어 가족, 친구, 연인에서 힘들고 어려운 사람을 돕는 일까지 소중한 가치들은 이루 헤아릴 수 없을 정도로 많아요. 물론 돈이 필요한 건 사실이에요. 돈이 없어 기본적인 의식주(衣食住)를 해결하지 못하면 불행해지는 것도 맞아요. 하지만 사람은 먹고 자고 입는 일이 해결되면 돈이 행복과 큰 상관관계를 갖지 않는다고 해요.

　명심보감은 말하고 있어요. 착한 일을 하면 사람들의 칭송과 복을 받고 나쁜 일을 하면 손가락질과 벌을 받는다고 말이에요. 만약 칭송을 들었다면 이미 복을 받았는지도 모르고 손가락질 받았다면 이미 재앙을 받았는지도 몰라요.

여러분이 가치를 어디에 우선으로 두느냐에 따라 하늘이 내리는 복의 기준도 달라져요. 여러분은 어떤 복을 받고 싶나요? 가족의 건강을 받고 싶나요? 아니면 최신형 스마트폰을 받고 싶나요? 여러분이 생각하는 복을 하나씩 정리하다 보면 자신이 어떤 사람인지 조금은 알게 될 거예요.

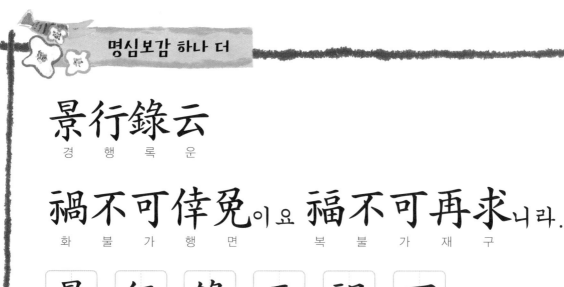

명심보감 하나 더

景行錄云
경 행 록 운

禍不可倖免이요 福不可再求니라.
화 불 가 행 면 복 불 가 재 구

景	行	錄	云	禍	不
볕 경	다닐 행	기록할 록	이를 운	재앙 화	아닐 불

可	倖	免	福	再	求
옳을 가	요행 행	면할 면	복 복	두 재	구할 구

➡ 《경행록》에서 말하였다. "화는 요행으로는 면하려 하지 말고, 복은 두 번 다시 구하려 하지 말지니라."

사람들은 예방을 통해 만일을 대비해야 한다는 것을 알지만 준비는 하지 않고 요행만 바라요. 또 어쩌다 찾아온 행운이 반복되기를 바라며 끝없이 게으름을 피워요. 이제 한 번 받은 행운에 감사할 줄 알고, 두 번째 행운부터는 다른 사람 몫이라고 생각하는 사람이 되었으면 해요. 요행 또한 바라지 말고요. 하늘은 스스로 돕는 자를 돕는다고 하잖아요?

'쇠 금(金)' 자 모양의 탑, 금자탑(金字塔)

후세에 길이 남을 뛰어난 업적을 표현할 때 금자탑이라고 해요. 예를 들면 '그녀는 끊임없는 노력과 타고난 재능으로 국제 대회 10회 연속 우승이라는 새로운 금자탑을 쌓았다.'라고 표현할 수 있어요.

사람들은 대부분 금(金)이라는 말에 현혹되어 금자탑을 '값비싼 금으로 쌓은 탑'으로 생각하기 쉬워요. 하지만 금자탑(金字塔)은 '쇠 금(金) 자(字) 모양의 탑(塔)'이라는 뜻으로, 피라미드를 이르는 말이에요.

참고로 금(金)은 황금뿐만 아니라 돈을 뜻하기도 하고, 성씨로 쓰일 때는 '김'으로 읽어요. 또 탑(塔)은 '다보탑'처럼 절에 세우는 탑을 가리키기도 하지만 높고 뾰족하게 세운 건축물을 통틀어 말하기도 해요. 여러분! 그러니 금자탑은 황금과 불교와는 전혀 상관없답니다.

〰️ 황금과 관련된 말

황금 천 냥이 자식 교육만 못하다: 자식을 위하는 가장 좋은 유산은 교육을 잘 시키는 일임을 강조하는 말.

예 돈 모아서 남겨 줄 생각만 하지 말고 자식 공부시키게. 황금 천 냥이 자식 교육만 못하다는 말도 있지 않은가?

금지옥엽(金枝玉葉): 금으로 된 가지와 옥으로 된 잎이라는 뜻으로, 임금의 가족이나 귀한 자손.

예 그 부부는 외동딸을 금지옥엽으로 귀하게 키웠다.

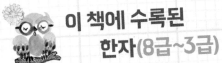

이 책에 수록된
한자(8급~3급)

* 『이 책에 수록된 한자』는 급수별 가나다순으로 정리하였습니다.

191